Ⓢ新潮新書

加藤弘士
KATO Hiroshi

慶應高校野球部

「まかせる力」が人を育てる

新潮社

はじめに

「自分たちが新しい歴史を作って、日本の高校野球とか世の中にいい影響を与えたい。高校野球の古い体質を変えて、常識を覆したい。そのためにも日本一になりたいと思っています」

寒風吹きすさぶ中、慶應義塾高等学校（塾高）野球部主将の大村昊澄《そらと》は瞳を輝かせながら、力強く言った。

2023年1月4日。横浜市港北区日吉にある慶應高校野球部グラウンド、日吉台野球場で行われたその年の初練習。囲み取材でキャプテンとしての抱負を聞かれ、大村は答えた。慶應高校は前年秋に埼玉で行われた関東大会で4強入りし、3月のセンバツ高校野球大会への出場を「当確」としていた。

新年の始動となるこの日は朝刊スポーツ6紙が集結した。各紙とも一番のお目当ては主力打者の清原勝児《かつじ》だった。西武、巨人、オリックスで通算525本塁打をマークし、PL学園では甲子園史上最多の通算13本塁打を放ったレジェンド・清原和博。その次男だ。父子2代での甲子園出場が目前に迫っていた。

スポーツ紙にとって「清原」の見出しは特別だ。私自身、小3だった1983年の夏、当時PL学園の1年生だった桑田真澄・清原の「KKコンビ」に憧れて高校野球に夢中になり、スポーツ記者という仕事を選ぶに至った。この日は9年間のデスク生活を終え、久々に現場記者へ戻る新鮮なひと時だった。そんな節目の取材対象が清原の次男であることに、密かな喜びを感じていた。囲み取材では現場でしか味わえない高揚感を胸に、率先して問いを発した。夕暮れの中で取材を終えると、日吉駅前のマクドナルドでかじかんだ手を温めながらパソコンのキーボードを叩き、「清原氏次男・勝児　父を『抜かしたい』」という記事にまとめ、送信した。

仕事を終え、帰りの東横線に揺られながら、私の耳には大村が発した冒頭の言葉がこびりつき、離れなかった。

記者にとって気になる事柄は、ニュース価値の高さと同義だ。すぐにパソコンを開き、ネットニュースとして執筆、配信すればいい。だが私には逡巡があった。言葉が強すぎる。大言壮語は若者の特権だが、慶應高校の主将による発言となれば、世間はどう受け取るだろうか。コメント欄が罵詈雑言で荒れることが予想できた。

前途ある十代が抱いた、純な大志を邪魔するべきではない。

私は記事化をしなかった。

記者とは不思議な生き物で、書いた言葉よりも書かなかった言葉をよく覚えているものだ。

「高校野球の古い体質を変えて、常識を覆したい」

何度も反芻した。果たして、そんなことができるのだろうか。


慶應高校は、2023年のセンバツ高校野球大会の初戦で、前年夏の甲子園優勝校・仙台育英に延長10回タイブレークの末、1－2で敗れた。私はその後も春季県大会、関東大会とチームを追った。そして勝負の夏。横浜との県大会決勝では2点を追う9回表に逆転3ランが飛び出し、劇的な勝利で激戦区・神奈川を制して春夏連続での甲子園切符を奪い取った。

夏の甲子園では慶應高校の掲げる「エンジョイ・ベースボール」が開花した。広陵、沖縄尚学といった強敵が相手でも、ナインは快活な表情でピンチを乗り切り、勝ち進んだ。8月23日、決勝は因縁の好敵手・仙台育英とのマッチアップ。大応援団の歓声も味方につけ、下馬評を覆して8－2と大勝した。107年ぶりの栄冠。夏の終わり、聖地に歓喜の「塾歌」がこだました。

甲子園大会では決勝後のみ、グラウンド上でヒーローインタビューが行われる。監督の森林貴彦が目を潤ませて喜びを語った後、アナウンサーのマイクは大村に向けられた。主将は感慨深げに言った。

「『高校野球の常識を変えたい』とか、散々大きなこと言ってきて、笑われることも、いろいろ言われることもあったんですけど、それに耐えて、そういう人を見返して、『自分たちが絶対日本一になってやるんだ』っていう強い思いで今までがんばってきたので、その辛い思いとかが全部、報われたなっていう瞬間でした」

一言一句をメモしていた私の手が止まった。

大村の野望をどこかで「どうせダメだろう」と笑っていたのは、他ならぬ私ではないか。だからあの日、勝手に自分の中で理由をつけて、記事にしなかったんじゃないか。

決勝の夜。1面の優勝本記から慶應高校野球部の歴史、監督の素顔といった原稿を書き終え、甲子園のプレスルームを出た時には日付が変わっていた。「エンジョイ・ベースボール」は社会現象になった。翌日、私は読売テレビの『情報ライブ ミヤネ屋』にスタジオ出演して、慶應高校野球部の特徴や森林のリーダー像についてわかりやすく解説した。

帰京する新幹線に揺られながら、自問自答した。慶應高校の野球はそんなに「わかりやすい」ものなのだろうか。選手のサラサラヘアに強い母校愛がもたらす熱烈な応援。それはたしかに象徴的な事象ではあったが、強さの本質ではないはずだ。

日本が右肩上がりの成長を続けていた頃、企業内で野球部の経験者は求められ、重宝された。レギュラーの座をつかむのは指導者の指示を忠実に遂行できる選手であり、先輩の理不尽な要求にもめげないストレス耐性を身につけた者たちだった。高校野球の世界観はそのような人材を育てるにあたって有効であり、卒業後は上意下達のシステム内で、一定の評価と成功を収めることが可能だった。

だが、時代は激変した。現代社会に求められるのは自ら考え、試行錯誤を繰り返した上で、最適解を導き出せる人材になった。そして求められるリーダー像も従来の「俺についてこい」というカリスマ型から、部下との対話を重視し、組織内のモチベーションを高めるタイプへと変わりつつある。２０２３年3月のＷＢＣで侍ジャパンを世界一へと導いた栗山英樹に続き、同じタイプの森林が優勝監督となったのは決して偶然ではなく、社会的な必然と言えなくもない。

高校野球の世界も日々、アップデートが進んでいる。選手の主体性や自主性を育む取り組みを行う事例が報道される機会も多くなった。２０２４年のセンバツ高校野球大会では、愛工大名電の三塁コーチャーを務める選手が報徳学園戦の6回まで自らサインを出し、攻撃を先導した。倉野光生監督はその意図について「（監督が選手を）ロボットみたいに動かすよりも、選手同士が考えて作戦を練った方が勉強になる」と明かした。急激な競技人口減という課題に直面する中、持続可能な高校野球を目指して、こういった潮流はさらに進んでいくことだろう。２０２３年夏、慶應高校の甲子園優勝という出来事が、その流れを加速させる契機となったことは論を俟《ま》たない。

慶應高校野球部という、高校野球界において特異なチームの謎に迫るため、関係者21

人に計33時間にわたってインタビューを行い、証言をもとにその組織論、教育論を深掘りしたのが本書である。森林ら現在の首脳陣はもちろん、優勝メンバー、控え選手に学生コーチ、歴代キャプテンに好敵手と取材対象者は多岐に及んだ。言葉の数々から匂い立ってくるのは、スタイリッシュなチームカラーからは想像できない、悪戦苦闘の日々であり、それを「見守り」「まかせる」森林の姿だった。

（文中敬称略）

慶應高校野球部——「まかせる力」が人を育てる ⚾ 目次

第1章　「KEIO日本一」の象徴

史上初「決勝戦先頭打者ホームラン」の真相

野球の神様は真夏の若者に魔法をかけることがある。

2023年夏。甲子園に選ばれた男は、慶應高校の1番バッター・丸田湊斗《みなと》だった。夏の神奈川大会で打率6割2分5厘をマークした、50メートル走5秒9のスピードスター。甲子園初戦の北陸戦で2安打2打点。続く広陵戦も2安打で勝利に貢献すると、SNSがざわついた。その容姿と肌の美白ぶりが注目されたのだ。

特技はピアノ。大好きなバンド「officialヒゲ男dism」の曲を弾くこともあると話してくれた。将来の夢を聞かれ「老後にジャズバーを開くこと」と答えると、甲子園選手らしからぬ独特の世界観が話題になった。「慶應のプリンス」「美白王子」などの称号も広まっていった。

「体質で、赤くてヒリヒリするので日焼け止めを塗っています。この前は聞かれてビオレと言っちゃったんですが、確認したらニベアでした」

するとニベアの公式Ｘが反応。「いよいよ高校野球の決勝戦ですね。厳しい暑さに負けずがんばってください！」。名指しこそ避けたが、丸田への「エール」であることは自明だった。

迎えた仙台育英との決勝。慶應高校は先攻だった。チケットは完売。この大会最多となる４万２１００人の大観衆が見守る中、いざプレーボール。

その直前だった。１番打者の丸田は打席に向かう前、ポケットから何かを取り出すと、２番打者の八木陽《ひなた》に渡した。

ニベアの日焼け止めだった。

「普段は大体、シートノックとかでポケットから抜くんですけど、入れたままになっていて。ネクスト（バッターズサークル）で振っていて、『やべえ、入ってる』と思って。別に入っていても問題ないんですけど」

その２分後だ。

風が吹いた。甲子園名物の「浜風」とは真逆のものだった。「浜風」はライト方向からレフト方向へと吹く海風で、ライト方向への打球を押し戻すのだが、この瞬間だけ、反対の方向になった。丸田にとっては追い風、慶應高校にとっては神風だった。

最速153キロを誇る仙台育英・湯田統真《ゆだとうま》との勝負。カウント2－2からの5球目、スライダーをフルスイングした。打球はライトスタンドへ着弾する。夏の甲子園決勝史上初となる初回先頭打者本塁打。「慶應のプリンス」が架けたアーチに三塁側アルプス席は熱狂した。応援歌「若き血」が2回続けて大合唱され、流れは一気に慶應高校へと傾いた。

それまで公式戦で本塁打ゼロの丸田がなぜ、世代を代表するピッチャーである湯田から打てたのか。

話は52日前の7月2日、慶大グラウンドで行われた仙台育英との練習試合に遡る。

快挙を生んだ「伏線」と「準備」

夏の神奈川大会を目前に控えた最後の練習試合。ネット裏から湯田の投球を食い入るように見つめる男がいた。慶應高校野球部OBで慶大4年の学生コーチ・斎藤俊だ。独特のスライダーの軌道をまぶたに焼き付けていた。

夏の甲子園でもう一度、対戦するかもしれない――。

予感は的中した。しかも決勝の大舞台で。

決勝前日は休養日となり、慶應と仙台育英の両校は西宮市内のグラウンドで最終調整を行った。練習前の斎藤は打撃マシンの調整に心血を注いでいた。あの日に見た、湯田のスライダーの軌道を再現させるんだ――。

「育英投手陣の動画は何百回と見ました。湯田投手のスライダーは曲がりが大きくて、スピードが速いんです。練習試合ではネット裏から投球を見ていたので、マシンでの再現度も高くなりました」

そして打席の丸田には確信があった。必ずスライダーが来る。なぜならば、夏の大会前最後の練習試合では直球を叩き、左中間に三塁打を放っていた。あの日、湯田が浴びた数少ないヒットだった。「丸田に真っすぐを捉えられた」というイメージが、バッテリーに残っているはずだ。

丸田には、準決勝までの湯田の投球を分析したデータ班から「浮いたスライダーが一番ヒットにできる」「ストレートのストライク率は5割」という情報が伝えられていた。「真っすぐは手を出さなければフォアボールになる確率が高い、というデータもあって、スライダー狙いでした。でも、（ツーストライクと）追い込まれたので、『インコースの真っすぐに刺されないように』という意識に変えて待っていました」

そこで剛腕から放たれた、見覚えのある軌道。

「追い込まれてからは、スライダーは頭になかったんですけど、（ボールの曲がる）角度が自分の中にあったので反応できました」

試合後のヒーローは瞳を輝かせ、斎藤に感謝した。

「昨日の練習で打撃マシンのスライダーが、湯田投手の角度とほぼ一緒だったんです。コーチの設定がすごく絶妙で、目が慣れていたというのがありました」

トップバッターとしてアルプス席に火をつけた一撃を、こう振り返った。

「初回の最初には応援歌の『若き血』が流れるんですが、（先頭打者である自分が）ホームランを打って2回連続で『若き血』を再生するのが夢でした」

「考える」ことが野球の醍醐味

丸田は横浜市戸塚区出身。5歳上の兄の影響で小3から野球を始めた。中学では横浜泉中央ボーイズで遊撃手としてプレー。当時から捕手の構えたミットを見て守備位置を微妙に変えるなど、「考える野球」が好きだった。中3当時の内申点は45点満点中、44。慶應高校を志望した理由について、こう語った。

「野球ひと筋になりたくなかったんです。野球でご飯を食べられる人は本当に一握りだから、勉強もしておかなきゃいけない。自分の将来の可能性、選択肢を広げるという意味で、文武両道の高校がいいなって。そこまでレベルの高い選手ではなかったし、高校では野球以外の選択肢もあると思っていました」

野球は中学まで――。そんな丸田を高校野球に向かわせたのは、コロナ禍だった。中3だった2020年夏、最後の大会が中止になった。

「自分の中で不完全燃焼な感じが強くなって、高校でも続けようかなって。慶應じゃなかったら、たぶん続けていないと思います」

慶應高校入学後、1年の冬だった。丸田は監督の森林から外野手へのコンバートを打診された。俊足を武器に頭角を現す契機になった。

「同じポジションには（1年夏からレギュラーの）八木がいたので、3年生になっても、内野の控えだろうなという感じも自分の中にはあったんです。ただコンバートされてから、自分たちの代でレギュラーになればいいかなという気になりました。外野の方が足を生かせますし」

最後の夏、慶應高校の切り込み隊長として快進撃の象徴的存在になった。森林の掲げる「考える野球」を具現化した選手と言っていい。

「考えることが自分の中で野球の楽しみになりましたし、それを評価してくれる環境でもある。ノーサインの時に、自分の判断で何か試みて成功させる、というのが本当にやりがいだし、野球の醍醐味だと思うので」

丸田は湯田攻略へ「スライダーを狙う」という意図を持って打席に立った。データ班による情報提供がそれを後押しし、慶應高校特有の制度である学生コーチが前日練習で湯田のスライダーを再現した。そういった明確な考えと入念な準備のもと、丸田は2年5か月の間に培ったフィジカルで、甲子園の夏空にアーチを描いた。

試合開始からわずか1分間の出来事ではあるが、そこには慶應高校野球部が組織として重ねてきた思考と過程を見ることができる。当事者である丸田が自身の言葉で、その背景を明晰に語ることができる点も、慶應らしさと言えるだろう。

試合後のインタビューを丸田らしい、粋な言葉で結んだ。

「世界中のどこの高校生を探しても、どんな人を探しても、最高の夏になったと思います。刺激的な夏でした」

「チーム最高打率」の裏側

「もう、丸田はすごいですね。最後の夏、全部持っていった。でも、アイツが目立ってくれたから、自分やその他のヤツらは意外とプレッシャーなくやれたのかなって」

そう語るのは夏の甲子園でチーム最高打率となる4割7分1厘をマークした福井直睦《なおとき》だ。決勝でも4打数3安打。大会通算17打数8安打と聖地に快音を響かせた。

あの夏のベンチ入りメンバーで、慶應幼稚舎出身は清原勝児と二人だけ。生粋の慶應ボーイだ。高祖父は武蔵野音大の創設者・福井直秋《なおあき》。福井自身も穏やかな人柄が印象に残る。

福井は中学時代、慶應普通部に通いながら硬式野球の名門チーム・世田谷西シニアに所属していた。通常、シニアチームの活動は土日に行われる。しかし、普通部は土曜日に授業があるため欠席が多くなり、3年間のほとんどを三軍で過ごした。一方で、普通部の同級生でもある清原勝児は、そのハンデを乗り越えて一軍のレギュラーとして活躍していた。

「勝児とは幼稚舎から一緒でしたけど、中学時代までは『あいつ、すげえなぁ』みたいな感じで、ずっと見上げていました」

おっとりとした口調でそう話す。3年間、福井を学生コーチの立場で見ていた杉岡壮将《たけと》はこう評する。

「ほわっとしていて、一見、何を考えているかわからないタイプですよね（笑）。でも、自分が正解だと思った道に、自分の考えに従って進んでいける。最後はオレがやってやりたい、という芯の強さはありますね。表には全く出さないですけど」

センバツでは4番を務めた強打者は最後の夏、甲子園を前に苦悩の日々を過ごしていた。

夏の神奈川大会では絶不調。どうしたらいいんだろうか。

打撃フォームを根本的に改造するしかない――。

福井が試行錯誤の日々を振り返る。

「県大会では試合ごとに打ち方を変えていました。森林さんからも『めっちゃバッティングフォーム変わるなあ』って（笑）。塾高で『ああしろ、こうしろ』と言われることは、ないです」

夏の公式戦における主力打者の不振は強豪校にとって死活問題だ。普通なら監督自らが手取り足取り、マンツーマンで指導し、復活への糸口を探るだろう。その結果、爆発すればメディアは美しき師弟の物語として報じることになる。

しかし森林は強制することなく、福井にまかせていた。

「打ち方を変えることに対して何か言ってくるわけでもなく、むしろ『やってみれば』という感じで。学生コーチも『試しに一度、こういうふうにやってみたら。合わなかったらやめていいから』と言ってくれました。本当にやりやすかったというか」

学生コーチからも強制はない。福井が自ら解決するためのサポートに徹してくれた。

福井が不振にあえぐ一方、慶應高校は甲子園行きを決めた。それは光を求めて苦しむ日々が続くことを意味した。

フォームは初戦の前夜に決めた

慶應高校のナインは全員、「野球ノート」をつけている。

日々の練習や試合で感じた自身の状態を言語化し、自己分析することが狙いだ。チームが大阪入りする数日前のこと。福井は世田谷西シニアの監督、吉田昌弘《まさひろ》のもとを訪ねた。

「自分はどういうふうに打ったらいいでしょうか」

吉田のアドバイスを野球ノートに書き留めた。バットを動かして、その流れで打つのはどうか。体重移動に重心の置き方、タイミングの取り方に至るまで、助言を得た。大阪に入ってからも試行錯誤は続いた。野球ノートを読み返し、頭にインプットしてから打撃練習を繰り返した。

「聞いたことを文章化して、練習で試して、ハマったところを採り入れて、ハマらなかったところは捨てて。あとは自分で打撃フォームを考えるという感じでした」

全てを鵜呑みにはせず、助言の一つひとつを試していく。「合う」か「合わない」か。「採り入れる」か「捨てる」か。自らの肉体と対話して、緻密にトライアンドエラーを繰り返していった。

打撃の状態を日々、スマホにメモしていく。慶應高校の初戦・北陸戦は第6日。開幕から時間があったのも奏功した。

「最終的には北陸戦の前夜に、『もうこれで行く』と決めました。前日の練習でもずっといろいろ考えていましたが、徐々によくなってきたので」

北陸戦に「6番・サード」でスタメン出場した福井は4回、タイムリー二塁打を放ち初戦突破に貢献。全試合でヒットを打つ活躍で、107年ぶり全国制覇のヒーローとなった。

バットを持った手を、足と連動させて大きく上下に動かすという、やや変則的なフォーム。そのおかげで「ちょうどいいタイミングでバットが出てくる」ようになり、安打を量産することができた。

上から言われた通りにやったわけではない。自ら思考を重ね、言語化することで解決の糸口を探し、最適解に辿《たど》り着いたのだ。

これもまた「考える野球」が結実した好例といえる。

福井は言う。

「自分はバッティングが好きで、『もっと打てるようになりたい』『飛距離を伸ばしたい』と、ずっとバッティングフォームを変えてきました。自分たちで考えて考えて、それで勝つことが一番楽しいのかなと思います」

高校野球は、ほとんどのチームが2年4か月で終わる。その中で勝てるチームを作るためには、指導者が選手たちに最適解を授け、ある種の強制力を作用させながら教えていくのが手っ取り早い。時間が限られているからだ。

しかし丸田や福井が最後の夏、「正解」を得るまでの過程は、決して最短距離ではなかった。むしろ森林はナインがもがき、苦しみ、試行錯誤を繰り返すプロセスを重視しているようにも見える。

森林のそんな「まかせる」思考は、どのように生まれたのか。

第2章　「価値」と「勝ち」——監督・森林貴彦の目指す場所

原点は箕島vs.星稜「伝説の一戦」

森林貴彦は１９７３年6月7日生まれ。渋谷区富ヶ谷の出身だ。近所にはＮＨＫや代々木公園、安倍晋三元首相の自宅がある。

「この名字で申し訳ないんですけど、ウチは材木屋なんですよ。材木の卸売りというか」

言葉の端々にユーモアを挟む。二人きりの雑談でも甲子園での試合後のお立ち台でも、いつもそうだ。

父は会社経営者。貴彦は二人兄弟の長男で、４歳下の弟が現在、家業に携わっている。

「私は長男ですが、継ぐことなく好きなことをやらせてもらっています。社会人になった後、父親から『好きなことをやれよ』と言ってもらって。仕事を継ぐか継がないかみたいな切迫したものは、あんまりなくて。気楽にやらせてもらっていました」

高校野球の原体験は幼稚園年長だった6歳の夏。いつもなら日中にテレビで流れている甲子園中継が、晩御飯の時間になっても放映されていた。

1979年8月16日。第4試合の3回戦・箕島《みのしま》対星稜。

延長18回、3時間50分の死闘は現在でも「高校野球史上最高の試合」と呼ばれている。午後6時からはNHK教育テレビ（現・Eテレ）で中継され、視聴率29・4％はNHK教育の史上最高。今も破られていない。

「最後、ナイターだったじゃないですか。家族みんなで茶の間で見ていたんですが、『こんな時間までやっているんだ』『この試合は何かすごいな』と幼心に刷り込まれて。あれが野球に関する一番最初の記憶ですね。それから小学生になっても、ずっと高校野球は大好きで見ていて。親から『1日4試合は見過ぎだから、2試合までにしなさい』と言われて。対戦カードを見ながら『じゃあ、きょうはこの試合とこの試合かな』と選んだりしてました」

公立小に進学した森林は、野球遊びに夢中になる。ゴムボールにプラスチックのバット。手打ちでも十分楽しめた。放課後、自然発生的に仲間が集まった。家の前の道路で遊び、車が通れば試合を止めた。近所の庭にボールを取りに行くと、犬に吠えられた。

「そんな中で、まあまあやれる感触があったんです。当時は4年生か5年生ぐらいからチームに入るのが普通だったので、入りたいなと。そしたら中学受験をやることになって両方は無理だなって」

道玄坂《どうげんざか》にある日能研に通い、対策を始めた。第1志望は駒場東邦。「家からも近いし、文化祭にも行って、いい感じの学校だなって」。塾からは難関校に合格すれば表彰されると聞いていた。ならばと慶應中等部、慶應普通部も受験したところ、全て合格した。

森林は駒場東邦に行くつもりだったが、祖父や祖母、両親が慶應を勧めた。

「『慶應に行った方が、受験しないで大学に行けるぞ』と。慶應というワードは当時の僕の中では遠いもので、受験校の一つみたいな感じだったんですが、それなら行こうかと」

日吉にある男子校・慶應普通部に進学した森林は野球部に入部する。監督は同校を40年にわたって指導することになる内藤陽海《はるみ》だった。情熱的で厳しくも、理論派の指揮官のもと、森林はさらに野球が好きになっていった。

「内藤先生は非常に難解な言葉を使って、『どうせ中学生はこんなことわからないだろう』って言いながら、スイングの軌道について独自の理論を説明したりするんです。実際、全然理解できない（笑）。でも実戦系の練習が多くて、走者をつけてのノックとか状況判断の訓練はかなりやらせてもらいました。カットプレーでどこを繋ぐとか、カバーリングはこっちに入る、みたいな。私にとっては最初の野球の指導者ですから、恵まれましたよね。体罰的なものも全然なかったですし、もっと野球をやりたいという気持ちにさせてもらいました」

アイデアマン・上田前監督との出会い

自信を深めた森林は内部進学で慶應高校に進むと、迷わず野球部の門を叩く。監督は清水宏喜。のちに監督となる慶應中等部の英語教諭・上田誠はその頃、コーチだった。時は平成元年。上下関係でも昭和の香りが色濃く残っていた。慶應野球部も例外ではなかった。

「1年生には、担当の3年生がいるんです。『飲み物買ってきて』と言われたら、買いに行かなきゃならない。『マックシェイク』と言われたら、日吉の駅まで走る。そういう時代でしたし、『やっぱり高校野球ってこんなもんかな』と思いながら、1年生の時はやっていました」

転機は高２の夏だった。新チーム発足から上田が監督に就任した。上田の功績については のちに詳述するが、常識にとらわれないアイデアマンは、「エンジョイ・ベースボール」を掲げ、チーム強化へ意識改革を断行した。

「今までのやり方を変えて、本気で甲子園を目指そう」

「高校野球の世界で、新しいことをやっていこう」

２年生に訴え、意味のない上下関係を撤廃した。１年生には雑用よりもウエイトトレーニングを命じた。グラウンド整備も学年の垣根を越えて取り組むことにした。ナインの知的好奇心をくすぐり、質の高い練習を求めた。

新チーム発足後、間もない夏の日。上田は森林らに伝えた。

「セカンドへの牽制のサインを、自分たちで考えてみようよ」

全体練習後、投手と内野手がグラウンドに残り、暗くなるまで議論と実践を重ねた。活発に意見を交わした。

森林が高校時代、一番の思い出とするシーンである。

「自分で決めさせてもらうというのは楽しいし、やりがいになる。でも決めたからには自分たちで責任も持たなくちゃいけない。とても大きな転機になりましたし、たくさんのことを教えてもらった経験です」

高校時代は「むかつく選手」

慶應高校時代の「森林貴彦内野手」を、現在の森林はどう評価するのか。

「むかつく選手だと思いますよ。基本的に自分のことしか考えていなかった。まわりにいい影響を与えようとか、声をかけて励まそうとか、そういうのは全然なくて『自分のことをちゃんとやっていればいいんでしょ』みたいな。何か職人的な選手ですよね。『自分の仕事はやりますよ。何か文句ありますか』という。チームにプラスアルファを与えるような選手ではなかったと思います」

謙遜かと思っていた。しかし……そうでもないようだ。

上田が当時を回想した。

「捕手がいなかったので、肩が強くて捕球の上手《うま》い森林をショートからコンバートしたんです。普通、監督に言われたら一生懸命やりますよね。ところがやる気なさそうにキャッチャーの練習をやってるんです（笑）。もう、あからさまに『嫌です。僕はショートです』って感じで。しょうがないから、戻しましたよ」

　その言葉を伝えると、森林も苦笑した。

「本当にその通りですよ。チームとしてのバランスとか全然考えていなかった。まわりが全然見えていない。今なら、上田さんの気持ちがわかります（笑）」

　主将でも副将でもなく、我が道を行く個人主義の若者が変化を遂げるのは慶大進学後、慶應高校の学生コーチに就任してからだった。

「学生コーチ」で自分本位から相手本位に

　学生コーチは慶應高校ならではの制度だ。卒業した大学生が指導者として母校のグラウンドへ教えに来る。大学の日吉キャンパスと慶應高校の日吉台野球場は同じ敷地内にあり、アクセスも容易だ。

「大学の野球部で活躍できるイメージは正直、描けませんでした。一方で高校野球は好きだったし、上田監督が来て高校野球がおもしろくなった。学生コーチとして上田さんや後輩たちと一緒に、夢の続きをやりたいなと思ったんです」

　法学部法律学科の授業を終えると野球部のグラウンドに向かった。熱血漢の同期と二人で内野手を担当した。冷静沈着に選手を見つめ、チームを見渡して助言を行った。自らが発した一言で高校生が変化する。上手くなる。森林はコーチ業の虜になった。

「コーチをやることで、今までの自分本位から相手本位へと立場上、変わらざるを得なくて。それが全く苦にならなかったんです。目の前で選手が成長していく、チームが良くなっていく。これって楽しいなあって。かなりやりがいになっていましたね」

就職活動はメーカーやインフラ系を中心に回った。バブル崩壊後、就職氷河期のまっただ中だったが、内定先はNTT。森林が4年生だった1995年当時、時価総額世界ランキング第2位の企業であった。

「高校野球は学生時代までで、次はもうビジネスマンになるつもりだったんですよね。教員免許も取っていなかったですし」

大学4年、学生コーチとして迎えた「最後の夏」。慶應高校は勝ち進んだ。まだ推薦入試制度もなかった頃。内部進学組と一般入試組のみのチームは3年生の吉原大介、2年生の佐藤友亮《ともあき》と好投手二人を擁し、32年ぶりに神奈川大会決勝に勝ち進んだ。日大藤沢に2－4で敗れ、1962年夏以来の甲子園には届かなかったが、横浜スタジアムの客席から見つめていた森林の胸中には、熱いものがあった。

「ああ、ここまでチームが来られたんだ。高校生ってこんなにガンガン成長するんだって。それに携わることができた喜びですよね。一方で、悔しくて。やっぱりあと一歩、届かないんだって。もうちょっと続きをやらないと完結しないな、もうちょっと先まで行きたいなと思いながら、卒業した感じですね」

ＮＴＴ、筑波大で獲得した「外からの目線」

1996年4月、ＮＴＴ入社。配属は池袋支店法人営業部だった。周辺の区役所や学校へ営業に行き、ＮＴＴの回線を利用したコンピューターネットワークのシステムを売る。「もうＦＡＸや電話の時代じゃないんですよ」と営業トークに磨きをかけた。世はＩＴ革命のまっただ中。業績は悪くなかった。しかし燃え切らない自分がいた。学生コーチ時代に味わった「あの感じ」が忘れられなかった。

6月になると、心が躍った。森林は連日、スポーツ新聞を買い求め、外回りの合間にファミレスに籠もった。夏の地方大会のトーナメント表を切り抜き、49地区のフォルダに入れた。買い忘れた地区があると、図書館に行ってコピーした。

「組み合わせを見ながら、『初戦からこのカードか、熱いなあ』と思ったり。開幕すると、きょうは北から行こうかな、南からにしようかなって、端から全部トーナメント表に勝ち上がりをつけるんです。7月中旬になると全国で1日400試合になって、2時間ぐらいかかる。ファミレスの滞在時間が長くなっちゃって（笑）。夜、仕事が終わってからもやっていました。中学時代から、高校、大学、社会人と十何年。マニアと言われれば、マニアですね」

入社2年目。「あの空気に戻るしかない」。森林は高校野球の指導者への転身を決断した。迷いはなかった。「さすがにもう親は頼れませんので」。学費を貯めるためにもう1年働いた。教員免許が取得できて、スポーツを一から学べる環境はどこだろうか。順天堂大大学院と筑波大大学院に絞り、後者に決めた。3年目に退職。恩師の上田は当時、米カリフォルニア大ロサンゼルス校（UCLA）に留学中だった。森林はロサンゼルスへ飛んだ。

「それって相談じゃないじゃん。報告だろ。もう決まっているんじゃないか」

上田らしいエールで、前途を祝福してくれた。

つくば市春日4丁目にある築30年のアパートは家賃3万5000円。初の一人暮らしが始まった。

村木征人《ゆきと》が指導教官を務めるコーチング論研究室。陸上やスピードスケート、アメフトに元大相撲の力士……様々な競技の選手と交流し、意見を交わす機会に恵まれた。「野球ってどうして一緒にウォーミングアップするの？　みんな一緒のメニューなんておかしくない？」

野球一筋の森林にとって、他種目のアスリートの声は新鮮だった。「野球界の常識にとらわれてはいけない」との思いが芽生えた。思考停止することなく、「高校野球らしさ」に疑問を抱き、発信していく上での原体験となった。

元プロ選手・阿井英二郎からの学び

授業に出る中で数か月が経過し、現場での指導機会も得たいと思っていたところ、当時つくば秀英高校の監督だった阿井《あい》英二郎（元ヤクルト投手、元日本ハムヘッドコーチ）と出会った。その頃、元プロ野球選手が高校野球の指導者になるためには、厳格な審査基準が設けられていた。阿井はそれを乗り越えた先駆者だった。テレビ朝日『ニュースステーション』のスタッフが、奮闘する姿を取材するためつくばを訪れていた。スタッフは上田の友人で、森林が上田のもとで慶應高校の学生コーチを務めていた頃、よくグラウンドに顔を出しており、森林とも交流があった。

ある日、森林が部屋に帰ると、留守電のランプが点滅していた。取材を終えたスタッフから、つくば市内の焼き肉店で阿井と食事をしているから、来ないかとの誘いだった。自転車を飛ばして駆けつけた。

阿井とは初対面だったが、互いに惹かれるものがあった。

「森林さん、ウチにコーチで来てよ」

「わかりました。僕も探していたんです」

縁もゆかりもない新興私学での指導が始まった。

「僕は中高、大学時代の学生コーチと、ずっと慶應の枠の中でやってきたから、よくも悪くもそこしか知らない。茨城の高校野球は最初、カルチャーショックでした。練習試合で相手チームの監督が、初回から最後までずっと怒鳴り続けていたり。阿井さんはプロまで行った方ですから、それまでと全然違う価値観を学ぶことができた。元プロだから技術――というわけではなく、心の部分が大事であると。プロでも最後はそこが大事なんだと。あとは監督業においては試合の采配なんて本当に仕事のごく一部で、後援会や親への対応とか、マネジメントの部分が大きいと。かなり刺激を受けて勉強になりましたし、今の自分にも影響を与えていただいたなと思います」

大学院2年目の2001年夏。つくば秀英は勝ち進んだ。7月23日、水戸市民球場で行われた夏の茨城大会4回戦・水戸短大附戦。最速153キロを誇り、その秋のドラフト3巡目で巨人入りする剛腕・鴨志田貴司《たかし》を攻略し、4－3で金星を奪ったのだ。創部以来初の8強入りを成し遂げ、ナインは歓喜に沸いた。

森林の記憶にも鮮明に残っている。

「プロに行く素晴らしい投手に対して、どう対抗していくか。とにかく速いストレートを弾き返せるように練習したり、失点を少なくして接戦に持ち込もう——というゲームプランを見事に遂行できましたから。僕も外様でコーチをやらせてもらう中で、チームの歴史を創ることに関われた喜びがありました。ところが翌日、準々決勝の相手が竜ヶ崎一高で、これはいけるんじゃないかと思っていたら4－6で負けたんです。せっかくジャイアントキリングしたのに、次でこけるパターンですよね」

大学院では「主観的努力度とパフォーマンスの関係」を研究テーマに設定した。授業に出てからつくば秀英の練習に行き、弁当を買って研究室に戻った。冬場、つくばの夜は冷える。ストーブの火をつけて、インスタントコーヒーを作り、弁当を食った。時計の針が24時を回る頃、自転車を漕いでアパートに帰った。

「あの頃は最高に幸せでしたね。毎日が充実していました」

一度は選んだエリート会社員の座から離れ、再び訪れた青春時代だった。

「選手が自分で考える野球」をやりたい

筑波大学では計3年間学び、中高の体育教員免許を取得した。関東でどこか、体育教師をやりながら野球指導ができる高校はないか。探していたところ、大学の求人掲示板に慶應幼稚舎の体育教師の募集が貼ってあった。

これなら慶應高校の指導にも携われるかもしれない——。

「採用試験に合格して1年目、非常勤で体育を受け持っていたんですが、『2年目から担任をやってもらうかもしれない』という話があって。そのためには小学校の教員免許が必要でした。そこで1年間、明星《めいせい》大の通信課程を受講して、2年目から正職員として担任をやることになったんです」

2003年春。小学校教諭として授業や学級運営に心血を注ぎながら、慶應高校野球部のOB会「日吉倶楽部」の技術委員という肩書きで週末、選手を教えることになった。

2012年からは助監督となり、上田とともに深く濃くチーム運営に携わるようになる。そして2015年夏。新チームの発足と共に上田から監督のバトンを託された。

当時、監督に就任して試みたことが二つあった。

「一つは『もうちょっと練習しようか』と。もちろん質も大事だけど、『練習量を確保しよう』と選手に言った記憶があります。あとは『選手が自分で考える野球がやりたい』と。『考える野球』を重要視するきっかけは、筑波時代だと思います。相手のチームを見ながら、『あまりにもやらされ感が強すぎる』『子供の頃に憧れた高校野球って、こんなんだったっけ』と落胆することもありましたから。自分の指導者人生の中では、やっぱり筑波時代がターニングポイントになっているんです」

大好きな「高校野球」への危機感

就任3年目の2018年。森林は初めてチームを甲子園に導く。しかも春夏連続での出場。夏は第100回記念大会となり、激戦区・神奈川は南北に分かれ、北神奈川代表として聖地の土を踏んだ。

子供の頃から憧れ続けた舞台。そこに指揮官として立つことができたのだ。しかし、

「出る側」になって感じた高校野球を取り巻く環境に、疑問を感じる自分がいた。

「甲子園出場、もちろんうれしいですよね。選手も保護者もOBもみんな喜んでいる。だけど一方で、高校野球という枠の中で勝った、負けたって、なんかそれって小さいなと思ったんです。このままでいいのかな、何か変えないといけない、という危機感ですよね。たしかにプロ野球にお客さんは集まっているし、甲子園も盛り上がっているけれども、野球をやる子供たちは減っている。甲子園に出たからバンザイとか、そこで勝ったら偉い、負けたら偉くないとか、全然違うなって思うようになったんです」

森林の人脈は野球界だけに止まらない。広くビジネスの世界で活躍する人々とも親交が深い。時代は急激なスピードで変化を続けている。なのに、野球界はなかなか変わらない。変わろうとしない。

「一昔前は『高校野球をやっていました』という人は社会で評価されました。上司に言われたことを忠実にやり、余計なことはしない。挨拶や礼儀もしっかりしているし、体力があって、へこたれない。でも今の世の中で、上の人間の顔色をうかがって、言われたことしかやらず、枠からはみ出ないようにやるような旧来の『野球型の人材』って、一番要らないタイプなんじゃないかと思うようになって。そんなのもう、ＡＩが全部やってくれますよ。野球界が社会で必要とされない人材を大量生産しているんじゃないかという、教育的な危機感を感じるようになったんです。野球で勝った負けたではなく、この危機感を持って、高校野球のあり方自体を変えていかないといけないんじゃないかと。もちろん、勝たないと発言力はない。だから、勝っていろいろ言ってやろうと」

夏の甲子園を終えた後、森林のもとに東洋館出版社から書籍刊行のオファーが届いた。それから2年後の2020年秋、その思考は『Thinking Baseball ——慶應義塾高校が目指す〝野球を通じて引き出す価値〟』という一冊になって全国の書店に並んだ。

「2018年の秋かな。最初にお話をいただいた時は、ちょっと甲子園に出たぐらいで本なんか書いたら、調子に乗っていると言われるし、お断りしたんです。でも2019年になって、もう一度オファーをいただいた時、せっかくなら自分の思っていることを広げていくのも大事な仕事かな、この信念や考え方に共感する人もいるだろうし、そういう若い人を勇気づけることにもなる。もちろん、ハレーションや批判もあるだろうけど、それを受けることで自分も成長できるかもしれない。とにかく矢面に立とうと。そういう覚悟ができたんです。書きながら、開き直りました」

著書は意外なところに「刺さった」。丸田ら2023年夏の優勝メンバーのほとんどが、中学3年の時に刊行された同書を読み、森林の野球観に共鳴して慶應高校への入学を志した。入学前に指揮官の思考に触れることができたら、入部後のミスマッチも起こりにくい。

107年ぶりの全国制覇を成し遂げた、森林とナインの一体感。その土台には「基本書」ともいうべき一冊の存在があったのだ。

勝利至上主義ではなく成長至上主義

高校野球を巡る数多くの諸問題。その根源にあるのは「勝利至上主義」と言っていいだろう。

監督は勝てば名将と称賛され、負ければ評価を落とす。強豪私学の中には負けが続くと、指揮官を交代してしまうところもある。

しかし指導の対象は成長の過程にある十代だ。思った通りに伸びるとは限らない。指導者が焦りから即効性を求めるがゆえに、この時代になっても暴力事件は後を絶たない。スポーツマンシップとは対極にあるサイン盗みや、度を越した投手の酷使も勝利至上主義が原因だ。

「野球だけやっていればいい」「勝てばいい」

チームをそんな風潮が覆った結果、選手による部内暴力などの不祥事が起きた例は枚挙に遑《いとま》がない。

森林は勝利至上主義について「戦う相手です」と言い切る。

「名将になりたいとか、甲子園通算何勝とか、興味ないです。優勝したから、なおさらそう思います。甲子園に連れて行くのが責務で、そのために最短コースを選んで……というのは全然、やる気がない。それよりも大事なのは、高校野球を通じて個人やチームが成長すること。『勝利至上主義』に対するアンチテーゼとしての『成長至上主義』です。『勝ち』を追求することに加えて、『価値』も追求していきたい。あくまで両立を目指すということです。そこはシーソーじゃない。育成を取るから勝負は捨てるのかといったら、そういうものではないと思うんです」

森林が根っからの野球大好き人間であることは前に記した通りだ。

だからこそ、逆説的な表現で危機感を示す。

「僕が野球をやっているのは、半分は好きだからで、もう半分は嫌いだから、というのが大きいです。野球を通して学ぶことは多いし、野球をやっている時間が好きだし、みんなで一緒に目標に向かってチーム作りするのも好きです。だけど一方で、今、社会が野球をどう見ているかを考えたときに、野球人口の減少というのは、野球に対しての社会からの拒否反応であって、必然だとも思うんです。世の中の賢明な親ほど、子供に野球をやらせていないんじゃないかと。だから、野球の価値とか、野球をすることの意義をちゃんと伝えたい。そうすると、野球界の中だけで閉じてなんかいられないんです」

思い出す光景がある。2023年夏の甲子園で全国制覇を果たした翌日、新大阪の宿舎で行われた一夜明けの記者会見。森林は3年生たちにこんな話をしたと明かした。

「この甲子園優勝というのを人生最高の思い出にしないようにしよう。みんなはまだ何十年も生きていくので、これを糧にして、もっと素晴らしい経験をしてほしい」

あの言葉の意図は、どういうものだったのか。

「そういう意識でやっていかないと、野球が本当に見限られてしまうという危機感がある。野球への危機感を、みんなにもっと持ってほしい。野球を通して、これまでのイメージとは違う人材を出していくことで、野球には価値がありますよ、と言いたいんです」

森林は、さらにこう続けた。

「もっと言えば、それを野球だけじゃなくてスポーツ全体に広げたい。スポーツをしていると、『脳みそ筋肉でしょ』『どうせ勉強してないんでしょ』みたいなイメージで見られかねない。金メダルをとったり日本一になったりすると一時的に盛り上がるけど、エンターテインメントとして消費されるだけで、スポーツ自体の価値向上とか、存在意義を示すところには繋がっていない気がして。だから、スポーツ自体の価値をもっと高めて、スポーツの意義とか、選手へのリスペクトとか、そういうものを上げていきたい。高校野球というのは、まだ注目されているから影響力もある。そういう意味では、僕自身かなりやりがいのある仕事だと思っています」

「指導」の怖さと限界

高校野球における「勝利至上主義」の弊害の一つに、指導者が生徒たちにひたすら野球の練習を課し、学業を疎かにさせてしまうというものがある。

たしかに有望選手にとって、野球は単なる部活動ではない。自らの人生を切り拓く大切な手段だ。プロ野球のドラフト会議で指名を受ける選手はほんの一握りだが、本人の実力と結果次第では名門大学への進学や、野球部を有する一流企業への就職が可能になる。ならば学業面には目を瞑り、最大2年5か月の高校野球生活をできるだけ全うさせてあげようという考えも理解できなくはない。

しかし、森林はそんな思考に真っ向から反論する。

「日本人はたしかに一意専心、脇目も振らずにその道だけやっています、というのが好きですよね。でもある程度の年齢以上になって、自分で理解した上で一つに絞るならいいですけど、高校生に対して『お前は野球だけやっていればいいんだ』というのは乱暴だと思います。将来、野球で食っていける可能性は高くないし、プロになれたとしても、30代まで。残り50年間生きていくわけですから。若い人の人生の選択肢を狭めるのはとても怖いことです。本当は他にも能力があるかもしれないのに、指導者から言われて本人もそう思い込んで、可能性を捨てちゃうことって絶対にありますから」

未来についてまだイメージできていない高校生にとって、周囲にいる数少ない大人である指導者の言葉は、重い。それをどこまで自覚した上で「指導」できるか。森林はこう続けた。

「だから『俺の色に染めて送り出す』とか、全くないです。何色に染めたいのかと聞かれたら、『透明』という話です。選手個々が自分の色を意識しながら、選手同士で交ざり合ってくれたらいい。僕には選手やチームを染め切る力はないですから。逆に、『言うことを聞けば甲子園に連れて行ってやる』みたいな人はすごいな、と。自分にそんな能力はないし、そういうタイプになりたいという思いもないんです」

その上で、指導することの難しさを指摘した。

「一生懸命教えることがマイナスになる可能性を、指導者は常に考えておく必要がある。自分がよかれと思って教えて、そのおかげで成長したように見えても、本当なら200までいけた子が、指導したせいで150で終わってしまったのかもしれない。だから、自分が何か意見を言って影響を与えることへの怖さはすごく感じています」

森林はなぜ「怖さ」を自覚できたのだろうか。

「基本的に僕は他人のことはわからないと思っているんです。野球部で3年間付き合っても、どんな性格なのかわからないところがいっぱいあるし、わかった気になりたくもない。小学生の担任をしていると、すごく無力感があるんです。先週はできたのに、なんでまたできなくなるのとか、この前約束したばかりなのに、どうして破るのよ、とか(笑)。担任だからって、コントロールなんて全然できない。1年生から6年生まで担任しても、『え、こういう性格だったの⁉』みたいなことが次々と出てくる。だから、自分がいい先生だとか、いい指導者だとかって、全然思えないんです」

言葉を額面通りに受け取ることはできない。慶應幼稚舎の関係者や卒業生の間で、森林の人気は高い。子供たちのやる気を引き出す一方、人としての道に反することには厳しく叱ることができる指導者であると、多くの証言を耳にしてきた。

一方で森林の胸中には、高校野球の指導者としていくつかの後悔が今も残っている。

「例えば、監督1年目の時のエースだった木澤（尚文《なおふみ》・現ヤクルト）ですね。春の県大会の準決勝の相手が横浜高校で、試合前に、木澤の肘の具合がちょっと悪かったんです。だけど、本人は『もちろん投げる』と言って、投げさせてみたら、試合の途中で『肘が駄目です』と。それで結局、最後の夏もほとんど投げられなかった。大学で投げられるようになって、プロに行ってくれたから少しホッとしていますけど、あの時、自分は深く悩みもしないで投げさせた、という思いがあるんです。選手生命が絶たれるかもしれない……と、悩んだ結果、投げさせたなら少しは救われるけど、自分は悩みもしないで投げさせたな、恐ろしいことをしてしまったな、と」

独白は続いた。

「ピッチャーではもう一人、生井《なまい》（惇己《じゅんき》・現日立製作所）もそうです。監督3年目の時のエースですが、2年生の秋の県大会準決勝で鎌倉学園に1－0で完封勝ちして関東大会出場を決めました。その翌日が東海大相模との決勝戦だったんですが、ここで連投を経験させておきたい、というのと、相手が（強豪の）相模さんだから、生井が先発しないと試合にならないかな……という思いもあった。本人は『ちょっと腰が重いけど、行けます』というので投げさせたら、試合後に疲労骨折していました」

　森林の声から、いつもの明るさが消えた。

「木澤と生井、二人のピッチャーを壊しかけた……。自分にはピッチャーを投げさせるかどうかという、一番大事なところで見る目がない。しかも、見る目もないくせに悩みもしない。木澤の時に後悔したはずなのに、生井でも同じことをやった。なんかもう、本当に自分は駄目だな、本当にごめんなさい、みたいな思いがあるんです」

　とはいえ、高校野球の指導者にとって状態が万全ではないエースを起用すべきか否かは、極めて難しい判断だ。この点について悩んだことのない指揮官は、過去にいないだろう。

「それと似ていたのが、（優勝した）２０２３年夏の甲子園の準決勝・土浦日大戦で（2年生エースの）小宅《おやけ》（雅己《まさき》）に完封させた時です。試合前には、『6回か、長くても

7回まで。決勝の仙台育英戦のために継投で行くよ』と伝えていました。でも、スコアが2－0で代えにくい展開が続いて、小宅に聞くと『ちょっとつりかけてる』と。『じゃあ、もうちょっとおかしくなったらすぐ言えよ』みたいな話をしながら、結局完封させてしまった。小宅は試合後に、『僕が完封するしかないと思っていました』なんて言っていましたけど。（試合後の勝利監督）インタビューで『小宅、ごめん』と言ったのはそういう理由です。優勝したからいいとか、そういう問題じゃなくて、やっぱりあそこで完投させては駄目だなと。だから、自分の見る目とか能力は全然自信がないですね。過信なんかできない」

優勝監督とは思えないほど、謙虚に自らの足元を見つめる姿があった。

「だから、指導したら良くなるかもしれないけど、ならないかもしれない。うまくいくかもしれないけど、潰すかもしれない、みたいな両方のケースが絶対にあるだろうなと。考えて指導すれば良くなるとか、指導すればするほど良くなる、という見方には『そんなに甘くないだろう』というのが自分の体験からあるんです」

「全て自分が」から「まかせる」リーダーに

関わりのある多くの人々が森林の特徴を「まかせるリーダー」と言う。その原体験は前述した慶大時代、慶應高校の学生コーチを務めたことにあると本人は語る。

「とにかく上田さんにまかせてもらったんです。上田さんはピッチャーを見るのが好きで、ブルペンに行く前に『内野、頼むぞ』と言われる。そうなると意気に感じて内野ノックや連係プレーに取り組んでいました。僕ともう一人、同期の学生コーチで練習を仕切って。大会に向けたメンバー選びの素案も、僕らが作って上田さんに出すんです。『こいつ最近、良くなってきたので入れて下さい』と言うと、大体それが通る。今思うと、『そんなに大学生にまかせちゃっていいの？』というぐらい。だから今、僕もまかせたいし、意見をどんどん言ってほしい。まかされるというのは、やりがいになりますよ。モチベーションを育てるのに、こんなにストレートな、いい方法はない」

そこまで語る森林だが、最初から「まかせる」リーダーだったわけではないと回想する。

「監督1年目は無我夢中でしたが、2年目3年目までは、全部自分でやりたかったんです。メンタルトレーニングも自分で勉強して、自分の口で伝えたいと思っていましたし、ウエイトトレーニングもそう。自分で学んで、指導していましたから。だけど3年経った時、『これは無理だな』と。専門家やその道に長《た》けた人を呼んできた方が、結局チームのためになると思ったんです。それからはいろんな人を巻き込んでやろうと思っていて、今は無意識のうちに人を巻き込むことしか考えていない（笑）。なんかもう、それが監督としての主業務みたいになってきていますね」

そして、こう続けた。

「だって、一人はちっぽけじゃないですか」

投手コーチにトレーニングコーチ、栄養指導など2023年夏の甲子園優勝には様々な「その道の第一人者」がチームに関わり、躍進を後押しした。

適材適所に人を配置し、最大限の効果を目指す。そんな経営者的な視座は、前職のNTT時代に培ったものでもあるという。

「一つの仕事に多くの人が関わっている。それぞれに役割があって、得意分野があるとあの頃、知ったんです。僕の仕事は、いかにみんなが生き生きとやれる状態を作るか。それをちょっと引いた立場で、ドローンの視点で見られたらいい。先頭で引っ張るんじゃなくて、幽体離脱して客観的に見ていたいんです」

もう一つ、森林が変わったきっかけがあったという。

「監督3年目、2018年の下山《しもやま》（悠介・キャプテン）の時に、はじめて春夏甲子園に行ったんです」

甲子園出場という「結果」が出たのであれば、それまでのやり方に自信を深めてもいいはずだ。だが、森林は違った。

「甲子園に行って、全国のいろいろな指導者やチームを見ました。その時に、『同じような手法ではかなわないんじゃないか』と感じたんです。それで、何か違う勝負の仕方はないだろうかと考えて、これまでと全然違うアプローチでいくしかない、と。その時に、慶應らしさとは何かとか、僕らしさとは何なのか、真剣に考えて。元々、勝ち負けだけではない教育的な部分は意識してやっていましたが、従来と違うそういうスタイルの方が、野球の上でも勝負になるんじゃないかと」

野球界というサークル内で指導者を評価する際、「甲子園出場に導いた監督」という実績は大きい。「甲子園監督」として箔がつき、ファンやメディアの見る目は変わる。

森林が「甲子園監督」になったことをきっかけに、旧来型の価値観に染まるのではなく、改革志向に拍車がかかったというのも興味深い。

そして森林の語る「慶應らしさ」の源流を辿っていくと……前回優勝となった191

6年夏、第2回全国中等学校優勝野球大会での慶應普通部に、今につながる革新性を見いだすことができるのだ。

第3章 「エンジョイ・ベースボール」の系譜

ハワイ発、107年前の「継投」の衝撃

慶應高校の107年ぶり全国制覇で「エンジョイ・ベースボール」という言葉がメディアを席巻した。初めて用いたのは慶大監督を2期18年にわたって務め、8度のリーグ優勝に導いた名将・前田祐吉《ゆうきち》である。

前田は1930年9月22日、高知市に生まれた。陸軍幼年学校在学中に終戦を迎え、高知城東中学(現・高知追手前《おうてまえ》高校)では1946年夏、戦後初の開催となる全国中等学校優勝野球大会に出場した。高知勢の全国大会出場はこれが初めて。翌春のセンバツ大会では4強入りした。慶大でも投手や外野手として活躍し、ニッポンビール(現・サッポロビール)を経て、1960年に29歳の若さで慶大監督に就任した。敗れはしたが、伝説となる同年秋の「早慶六連戦」を指揮している。1965年に退任したが、東京六

大学の優勝から遠ざかるチームの立て直しを期待され、1982年、51歳で慶大監督に復帰。1985年秋にはリーグ戦10勝1分けで1928年秋以来の無敗優勝を飾るなど、「陸の王者」を復活させた。

「前田さんはね、高知県で初めてカーブを投げた人と言われているんだよ」

そう語るのは現在、慶大監督を務める堀井哲也だ。静岡・韮山《にらやま》高から慶大に進学した堀井は3年次から2年間、前田のもとでプレーしている。アマチュア球界の歴史にも造詣の深い堀井は、「エンジョイ・ベースボール」が生まれた背景には、前田が1983年に実現させた慶大にとって55年ぶり2度目となる米国本土遠征があったと証言する。当時4年生の堀井は、このメンバーの一人だった。

前田はなぜ、米国本土遠征を行ったのか。生前の2010年に刊行された著書『野球と私』にはこうある。

「日本の学生野球は明治時代の中ごろ一高がリードし、その後、早慶両チームが一高を破って早慶時代が到来した。ともにアメリカに指導を仰ぎながら、早稲田が野球を若者の心身鍛錬の手段として野球道を標榜したのに対し、慶應は素直にスポーツとして野球を楽しむアメリカ流を受け入れた。その後、富国強兵の国是に乗って、早稲田流の野球道が我が国の野球界を席巻したのに対し、慶應の『エンジョイ・ベースボール』は、全く片隅に追いやられ、太平洋戦争の終結で世の中は百八十度転換したにも拘らず、野球界は依然として戦前の古い体質のままであると言わざるを得ない。（中略）野球発祥の地アメリカに遠征して、選手たちに直《じか》にアメリカ野球に接し、彼等の良い所を学ばせるしかないと考えた」

前田は忍耐や服従が求められる精神野球に対して、戦前からの慶大野球部の自由で明るい特色を「エンジョイ・ベースボール」と記しているが、堀井は米国遠征以前に前田がこの言葉を使ったのを一度も聞いたことがないという。

「だから僕は1学年上の先輩にも確認したんです。すると皆さん、『そういえば言ってなかったよな』とおっしゃる。だから『エンジョイ・ベースボール』と前田さんが言うようになったのは、アメリカ遠征からだと思います」

堀井の証言は続く。前田は米国遠征中、ある親善試合前のメンバー表交換時、相手のヘッドコーチから「レッツ・エンジョイ！」と声を掛けられ、握手をしたことがあった。前田は遠征をコーディネートしていた読売巨人軍の在米スカウト・リチャード脊古《せこ》に「これってどういう意味なんですか？」と尋ねた。脊古は答えた。

「チームのためにベストを尽くして、めいっぱい野球を楽しもうということですよ」

堀井は笑った。

「脊古さんからそう聞いたんです。そこから像を作って、野球部の理念を『エンジョイ・ベースボール』と命名した前田さんは本当にすごい。その前田さんが憧れと敬意を抱いていた指導者が、腰本寿《こしもとひさし》監督なんです。著書を『野球と私』にしたのも、腰本監督の著作『私の野球』から借用したと、本の『まえがき』に書いているぐらいでね」

腰本寿。知る人ぞ知る存在だ。現在に連なる慶應野球のカラーを作った人物である。1894年生まれ、ハワイ出身の日系人だ。慶大が1908年に初のハワイ遠征を行った際の縁もあって、慶應普通部に入学。慶大では二塁手として活躍した。

そして大学時代の1916年夏、慶應普通部の監督として第2回全国中等学校優勝野球大会に出場。見事に全国制覇を成し遂げた。現在の、夏の甲子園大会に連なる同大会で初めて継投策を用いたといわれるのが腰本だ。上下関係は厳しくなく、リベラルな明るいチームカラーだったと伝えられる。

森林が率いての2023年夏の日本一は、この時以来。よって107年ぶりだ。

のちに腰本は慶大監督となり在任10年16シーズン中、7度のリーグ優勝を達成する黄金時代を築いた。1928年秋には東京六大学で最初の全勝優勝。名監督として野球殿堂入りを果たした。

堀井は言った。

「だから前田さんの『エンジョイ・ベースボール』はアメリカ野球の影響だし、前田さんが心酔した腰本さんはハワイの出身。前田さんが行ったアメリカ本土への遠征は、慶大では腰本監督以来だったんです。2023年の慶應高校は継投と自由なチームカラーで日本一になったけど、これも107年前の腰本さんと一緒。全部つながるんです」

「遠くに飛ばせ」「無駄な声を出すな」慶大・前田監督の教え

前田は前述の著作『野球と私』で「エンジョイ・ベースボール」に込めた意味をこう綴っている。

「この言葉は単にワイワイと楽しもうというのではなく、①チームの全員がベストを尽くす。②仲間への気配りを忘れない。これはチームワークと言い換えてもよい。③自ら工夫し、自発的に努力する。という三つの条件を満たして、はじめて本当に野球を楽しむことができるし、楽しんでこそ上達するのだという考え方である」

三田キャンパス内にある「福澤諭吉記念　慶應義塾史展示館」には前田の直筆ノートが展示されている。その言葉からは野球界の常識に対する反骨精神がにじむ。

「たかが野球じゃないか」

「ボーズ頭は決して高校生らしくない」

「なぜ大声を出し続けるのか」

「鬼コーチの命令で強制される練習は労働ではあってもsportsではない」

「野球だけで人間ができる筈がない」

「良い素材が入学しなければ素材を作ればよい」

「ベンチを見るな」

「失敗も怖れぬのがアマの強み」

「学生が野球をする○　野球選手が勉強もする×」

「野球はしょせん味の素　主食ではない」

「前例通りは退歩」

「伝統を守るとは、伝統に新しいものを付け加えること！」

堀井は懐かしそうに回想した。

「前田さんから就任直後に言われたのは『バッティングを小さくするな。遠くに飛ばせ』でした。それから『無駄な声を出すな』と。衝撃ですよ。それまでは空振りしたら怒られるし、声出してやれ！　という世界じゃないですか。そこで僕がちょっと逆らったのは、めちゃくちゃ声を出した。それを前田さんは咎めなかったんです。『これはコイツの個性だ』と思ってくれたのかな。でも、野球を見る基準は相当厳しかったですよ」

そんな改革者から「エンジョイ・ベースボール」のバトンを継承し、慶應高校野球部を再び強豪にした男こそ、慶大野球部で堀井の３学年上に当たる上田誠である。

上田誠、監督への道のり

慶應高校野球部の歴史を上田誠抜きに語ることはできない。

恩人である前田から授けられた「エンジョイ・ベースボール」を高校野球の世界で実践し、２００５年には45年ぶりのセンバツ甲子園へと導き、８強入り。２００８年には春夏連続で甲子園に出場し、選手権大会では優勝した１９１６年以来92年ぶりの「夏３勝」を挙げた。１９９０年秋に監督就任。その一期生が森林だ。

上田は懐かしげに言う。

「前田さんから言われましたよ。『君が高校野球を改革しなさい。大学は僕がやるから』ってね」

強烈な個性で慶應高校を再び強豪へと甦らせた上田とは、どんな人物なのか。

上田は1957年8月19日、神奈川県茅ヶ崎市に生まれた。父は海上自衛官。小4の頃から近所の仲間と野球で遊ぶようになった。小6で藤沢市に転居。進学した市立中学では投手として活躍した。

中学は強豪チームで関東大会まで行ったが、野球の強い私学を選ばず、県内屈指の県立進学校・湘南高校に進学した。1949年に夏の甲子園を制した文武両道の名門である。

「1年で入った時、2、3年生の部員があんまりいなかったんです。というのは、その上の先輩に『東大五人衆』というのがいた。その人たちは1浪、2浪して東大に入ったんだけど、彼らが高校時代に厳しく練習して、下級生にも厳しく当たったらしいんです。そしたらみんな辞めちゃった。僕らの代は『湘南は強い』と聞いていたから、結構いい選手が集まった。さあやるぞって入ったら、先輩がいない（笑）。で、監督も呆れて辞めちゃって、大学生が週に2、3回、教えに来る感じで。その人も辞めちゃったり(笑)。試合になると東海大相模とかに、木っ端みじんにされるんです」

上田は勝ちたかったが、自分たちだけでやる野球に限界を感じていた。

高校野球を不完全燃焼で終えた上田は1浪の末、慶大の経済学部に進学。野球部の門を叩いた。

「元々は東大に行きたかったんです。レギュラーになれるから。他だと無理じゃないですか。そしたら1年の時、脊椎《せきつい》分離症になっちゃった。でもレギュラーになれなかったのはそれが原因じゃない。実力がなかったんですよ。1年の時は毎日辞めようと思っていました。同期は35人ぐらい入って、最後20人ぐらいになった。とにかく走らせたり厳しくして、振るい落とそうとしていたから。夜逃げした奴がたくさんいましたね」

東京六大学の中では比較的リベラルな慶大であっても、そういう時代だった。

1年生の仕事の一つに「氷係」があった。夏になるとリヤカーを引いて氷屋に行き、氷を買う。それを砕いてプラスチック製のバケツに入れて、練習後や合間に水を入れて飲む。

ある日、「氷係」の仲間が時間になってもグラウンドに帰ってこない。どうしたんだろう。上田は近隣を探し回った。

「そいつ、駅のロータリーにリヤカーを置いたまま、実家がある盛岡に帰っちゃったんです。今でも仲良くしていますけどね（笑）」

就職活動では石川島播磨重工業（現・ＩＨＩ）から内定が出た。エリート会社員として安定した人生が目の前に広がる……はずだった。

「野球の指導者はおもしろいなと思っていたんです。一応、教職課程は取っていて。神奈川県の教員採用試験を受けたんです。当時はベビーブームの子供たちが高校生だったから、教員が足りなくて、勉強してないのに受かっちゃった。それで内定先にお断りの連絡をして。着々と準備を進めていたら、教員免許を取得するのに必要な単位が取れていなかった（笑）。結局卒業するんですけど、英語の教員になるんだから、その前にアメリカに行こうと思って。アメリカでぶらぶらしていました。バックパッカーみたいなことをやって、中南米ではクーデターにあったり、貴重な体験をしました」

帰国後、慶大時代の監督で、恩師だった福島敦彦から連絡があった。桐蔭学園コーチの誘いだった。１９７１年夏の甲子園に24歳の若さで同校を日本一に導いた名将・木本《きもと》芳雄のもとで2年間学んだ後、再び神奈川県の教員採用試験を受験した。合格後、最初の赴任先は厚木東高校だった。上田は若かった。猛烈な指導を行った。

「休日の練習は朝から夜中まで1日15時間ですよ。エンジョイの欠片《かけら》もない。当時から『日本一になろう』って言っていました。部員は13人ぐらいで、今でも仲良くしているけど、よくやりましたよね」

最初の2年は「軍隊式にやった」という。だが思うように結果が出ない。そんな時、上田は母校・慶大の練習を観に行った。監督である前田との語らいは刺激的だった。全体練習を短くし、自主練習を多くした。髪型も自由にした。すると勝ちだした。

それから数年後のことだ。慶應高校のグラウンドで練習試合を行うことになった。たまたま前田とともに、親交のある当時の慶應高校校長だった稲田拓《たく》が観戦に訪れていた。厚木東のナインは当然のように「おはようございます!」と大きな声で挨拶をした。稲田は爽やかな彼らの姿勢を気に入った。試合は厚木東が圧勝した。二人は上田を日吉駅近くの寿司店に誘った。

前田は上田に言った。

「いい野球、やるね。君は、いつまで県立にいるの? 塾高で監督をやらないか?」

男の運命なんて一寸先はどうなるかわからない。まさかの一本釣りだった。

慶應中等部に勤務しながら、まずは慶應高校のコーチ生活が始まった。

「当時の清水宏喜監督は薬局を経営されていて、いつも指導に来られるわけではなかったから、学生コーチだけでは大変だったと思います。イヤホンをして外野を守っている選手がいたから、『耳が悪くても一生懸命やってるんだなあ』なんて思ってたら、ラジオで競馬中継を聞いてました（笑）。あとは上下関係があまりに厳しかったので、これは何とかしなきゃいけないと思いましたね」

徐々に近づく甲子園

1990年秋に監督就任。上田は「エンジョイ・ベースボール」を旗印に掲げ、改革に乗り出した。

「新しい高校野球を作ろう。日本の高校野球を変えようぜ。それを全国に発信できるようになろう。でも、強くならないと誰にも見向きもされない。だから、強くなろう」

上田の所信表明を、胸を熱くしながら聞いている男がいた。

当時2年生の遊撃手だった森林貴彦である。

推薦入試導入前。すでに慶應高校は首都圏の高校入試で最難関の一つだった。チーム強化に向けて、上田は何でもやった。

「入学した生徒の調査書を全部調べて、体育が5だった人をピックアップする。それから中学時代にスイング系の動作をしていた生徒ですね。バドミントンとかバレーボールとか。そういう人には『野球やらないか?』って電話したりしましたね」

週末になると、中学の硬式クラブチームを回った。

「営業ですよ。(中学硬式野球の)シニアやボーイズのいいところは、練習が土日なんです。だから平日は塾に行ける。強豪チームに『慶應コース、早慶コースがある塾にはこんなところがありますよ』とパンフレットを持っていったりして。よかったら一般入試、受験して下さいと」

港北区役所のホールを借りて、説明会を開いた。文武両道を志す中学の有望選手を相手に、上田は慶應高校進学のメリットを熱弁した。自由な校風、上下関係のない野球部。慶大に進学後は神宮の舞台が待っている。東京六大学野球の映像を流して、ハートに火をつけた。

練習試合の相手も1段階、レベルを上げた。

「塾高の監督になった時、全国の高校野球の指導者に慶大OBはほとんどいなかったから、早稲田のOBが監督をしている高校を探してね。電話で『慶應高校なんですけど、練習試合をお願いできませんでしょうか』と頼むと、『お前も六大学でやってたのか！』と組んでくれたりして。早稲田って、たくさん指導者がいるから。うれしかったですね」

次第に意識の高い選手が集まってきた。強いチームとぶつかり、揉まれる中、上田の考えもナインに浸透してきた。

1995年夏の神奈川大会では3年生・吉原大介、2年生・佐藤友亮の二枚看板で勝ち進み、32年ぶりに決勝の舞台まで歩を進めた。のちに慶大から西武に入団して外野手として活躍した佐藤は、湘南クラブ時代に多くの強豪校から誘いを受ける中、上田との出会いで慶應高校を受験。猛勉強の末に合格を勝ち取った。

徐々に、甲子園が見えてきた。

「君は、日本の高校野球に毒されている」

監督として脂がのってきた上田だったが、1998年からは米国に留学し、UCLAの野球チームでコーチを務めることになる。

きっかけは前田の一言だった。

「君は、日本の高校野球に毒されている。アメリカに行ってきなさい。僕が紹介状を書くから」

上田が当時を振り返る。

「公式戦で、あと1点取ればコールド勝ちで上位進出が決まる場面だったんです。その得点をスクイズで取った。それを前田さんが見に来ていて。ウチの部長に言ったんです。『上田君に、時間があったら大学の合宿所に来るように伝えてくれ』って」

上位進出を喜んでもらえたのだろうか。上田は酒を飲まない前田のためにシュークリームを買って合宿所を訪ねた。

「わざわざ球場まで来ていただいて、ありがとうございました！　おかげさまで……」

笑顔で伝えると一喝された。

「君は何を考えてるんだ。あんなに点差が離れているのにスクイズをやるなんて、日本の高校野球の一番ダメなところだ。相手への思いやりがない。アメリカだったら大乱闘になる場面だぞ！」

アメリカの野球界には「アンリトン・ルール（unwritten rules）」という不文律が存

在する。大差がついている時の盗塁やバント、大げさなガッツポーズなどは相手への敬意を欠くと見なされる。日本の高校野球なら最後まで全力で倒しにいくことこそ敬意だが、それは世界の非常識だった。国際大会で悪気なく全力プレーを貫いたはずの日本人選手が、報復死球を浴びる例もこれまでにあった。

「前田さんから『自己PR文を書きなさい』と言われて。『手足の靱帯や関節部分を強く柔軟にするトレーニング方法〈華陀《かだ》体操〉を教えることができる。これは東洋の神秘。素晴らしいトレーニング方法だ』『ピッチャーのコンディショニング作りも指導できる』と書いたら『熱烈に歓迎する』って返事が来ました（笑）」

上田はアメリカ野球に魅了された。

「アメリカには野球の原風景がありました。日本の野球とは違うんです、競技自体が。それが本当にいいなぁと思って。バッターも、振り切ったバットが背中に当たってタコができるくらいフルスイングする。でも、日本では『フライを上げるな。低い打球を打て』って言われるでしょ。だから、『そんなスイングして試合で使えるのか』って向こうのバッティングコーチに聞いたら、『ゴロなんか打っても、フェンスを越えないだろ』って（笑）。やっぱりね、バットを思い切り振って、大きな当たりを打つことに野球の楽しみはあるよなって」

ＵＣＬＡで指導した選手の中には2000年代のＭＬＢを代表するセカンド、メジャー球宴に6度も選出されたチェイス・アトリーらがいた。先進的で自由な環境の中、上田には米国でどうしても学びたいことがあった。

横浜高校に勝つ方法はないものか――。

「塾高は入試があるから、そんなにすごい投手は獲れない。だからツーシームとかチェンジアップとか、向こうで新しい球種を覚えて、伝えていきたいと思ったんです」

日本ではまだ、カーブとスライダーが全盛の時代。「動かす」変化球を学んだ。1998年、渡米。約2年間の留学を終えて帰国後、それらの球種を投手たちに指導した。間もなく、横浜高校と対戦する機会があった。

敗れはしたが、未知の変化球は強打の横浜打線を苦しめた。

試合後、敵将の渡辺元智《もとのり》が上田に聞いてきた。

「あれ、どうやって投げるの？」

復活への土台は築かれつつあった。

上田前監督の野球部改革

現在の高校野球ではSNSでの情報発信も盛んに行われている。指導者や選手、マネジャーがInstagramやXのアカウントを取得し、部のポリシーや日々の活動を投稿することも多くなった。

その先駆けが上田である。米国から帰ると、慶應高校野球部の公式ホームページを開設した。「部訓」にこう綴った。

「日本一になろう。日本一になりたいと思わないものはなれない」
「Enjoy Baseball（スポーツは明るいもの、楽しいもの）」
「凡人は習慣で1日を送る。天才はその日1日が生涯である。毎日が本番。大会前だけ盛り上がって全国制覇ができるか。泥棒に練習試合はない」
「雨と風と延長とナイトゲーム、そして決勝戦には勝つ」
「エンドレス（いつまでもやってやろうじゃないか）」

強い言葉に多くの中学生が胸を熱くして、慶應高校野球部を志した。

現在のSNSでは必須の「スルースキル」という言葉がなかった時代だ。掲示板に否定的な書き込みがあると、上田は反論を書いた。

「よく袋だたきにあいました。でも、あのやりとりが大好きでしたね」

チームは「メジャー」（レギュラー組）と「マイナー」（控え組）の二つに分けた。これも上田のアイデアだ。公式戦を戦うのがメジャー。それぞれ別に練習試合を行う。選手個々の状態を学生コーチが観察の上、把握して、入れ替えを提言する。

マイナーの選手にも平等にチャンスを与え、チームの底上げを目指す。最後の夏、ベンチ入りを逃したとしても、偵察や練習のサポート、新人指導などでチームのために尽くすことが求められる。上田はそんな一体感のあるチーム作りへ心血を注いできた。

２００３年1月、慶應高校にとって歴史的な分岐点が訪れる。

推薦入試制度の導入である。

導入前夜の慶應高校について、上田が回想する。

「当時は偏差値こそ最難関でしたが、生徒たちは校則もないから金髪でピアスしたりして、運動部も全然たいしたことがなかった。その頃、外部から就任したばかりの校長が運動部の顧問数人を集めて自由が丘で食事をしたんです。それで、『この学校っておもしろくないですよね？　もっとおもしろくなりませんか？』って言うんです。そこにいたみんなで『推薦やりましょう！』って提案をしました。スポーツができれば誰でもいいというのではない、学力的にも高いハードルを課した慶應らしい制度を……ということになって、僕も早稲田実業の推薦入試を調べたりして」

校内に委員会が起ち上げられることになった。「推薦入試委員会」となるとハレーションが大きいことから「長期構想委員会」と名付けられた。上田らも加入して、制度案をブラッシュアップしていった。校長は剣道範士八段の資格を持つ福本修二に交代となったが、福本も賛成してくれた。

「で、職員会議に出したんです。そしたら8割が反対」

しかし剣道界の第一人者であり、日本オリンピック委員会（JOC）の強化コーチも務めた福本が、ここで剛腕を発揮した。

反対意見に一通り耳を傾けた後、立ち上がって言った。

「もう決めましたから。やります」

場は騒然としたが、福本はこう結んだ。

「これで終わりにします」

上田が当時を振り返る。

「福本さんじゃなかったら、できませんでしたね」

ちなみに後述する107年ぶりの優勝の「陰の立役者」、慶應高校野球部顧問で部長を務める赤松衡樹《ひろき》は、慶大総合政策学部の福本のゼミ生である。「KEIO日本一」へ、剣術の達人・福本が果たした仕事は大きかった。

推薦入試の出願資格には「中学3年次の9教科の成績合計が5段階評価で38以上である者」「中学校時代に運動・文化芸術活動などにおいて相応の成果を上げた者」とある。つまり高校野球の強豪私学によくあるスポーツ推薦や野球推薦ではない。事実、近年の慶應高校野球部には文化活動で認められて合格した後、野球部に入部した選手もいる。

推薦第1期生として世田谷西シニアの2番手投手として初の全国制覇に貢献したサウスポーの中林伸陽《のぶあき》、越谷シニアのショートとして全国大会にも出場した漆畑《うるしばた》哲也ら10人が慶應高校野球部の門を叩いた。

導入の効果は即、表れた。

2004年、山梨で行われた秋の関東大会で慶應高校は準々決勝に進出。立役者は3日連続の登板で計487球を投げた2年生左腕の中林だった。2005年のセンバツ大会に45年ぶりの出場を決めると、大応援団が甲子園に駆けつけ、肩を組んで応援歌「若き血」を熱唱した。慶應高校は2勝を挙げて8強入りした。

上田は続けた。

「推薦入試に反対だった人たちも『一度行ってみるか』と甲子園に応援に行ったんです。そしたら試合の前後、大阪に住んでいる教え子たちが『一緒に飲みましょう』と誘いに来る。それがすごく楽しかったって言われました。学校内が『甲子園っていいな～』となって、そこからは賛成派が上回ったんです」

２００８年には田村圭《けい》、只野尚彦の左右二枚看板が力投し、春夏連続出場。全国制覇した１９１６年以来、92年ぶりに夏３勝を挙げた。同年秋には49年ぶりに関東大会を制して、明治神宮大会で初優勝を成し遂げた。翌２００９年春には３季連続の甲子園出場。その都度、モットーの「エンジョイ・ベースボール」が紙面に躍った。

上田は２０１５年夏限りで監督を勇退。57歳だった。42歳の助監督・森林にバトンを託した。

「まわりは『もう辞めるのか』『もったいない』って言ってくれたんだけど、僕は早く譲って良かったと思っています。後継者を育てるのは監督の仕事だし、なるべく早く引き継いだ方がいい。そうすると、後任が若いうちに失敗できるんです。例えば僕が今年(23年)までやっていたとしたら、森林は50歳ですよね。『あと10年しかない』と思うと勝ちに焦るわけです。だけど40代前半から監督ができたら、勝ち負けを度外視してしっかりした仕事ができるんじゃないかと思ったんです」

そんな狙いは2023年夏、107年ぶりの日本一となって結実した。甲子園のアルプス席に上田が姿を見せると、OBたちが挨拶に長蛇の列を作った。現役時代は激しく厳しい指導があったかもしれない。しかし教え子からの「上田さん」の人気は不滅だった。

監督の森林に部長の赤松、副部長の星野友則と馬場祐一、投手コーチの小泉泰典《やすのり》……全国制覇に導いたスタッフ全員が、上田の教え子である。

「みんなでやってくれた優勝。それが一番うれしかった」

現状に満足することなく、好奇心旺盛なままに忙しく動き回る姿は、年齢を重ねても変わらない。上田は2023年11月、四国アイランドリーグplusに所属する香川オリーブガイナーズの球団代表兼ヘッドコーチに就任した。

「球団代表でありながら、選手の獲得に解雇、次の就職先の提案、球場使用の調整とか何でもやるんです。トラックの運転手もやる。参っちゃいますよね」

上田は、どこまでもベースボールをエンジョイし続ける人だった。

第4章　「まかせる」から成長する

「まかせる」と「待つ」はセット

あなたの高校野球における、一番の思い出は何ですか？

酒場に野球経験者が集った際、盛り上がる鉄板の話題だ。好投手から放った会心のヒットを語る者もいれば、心の傷ともいえるタイムリーエラーの悔しさを語る者もいる。概ね、試合中の出来事である。

森林貴彦は違う。前章でも触れたが、2年夏の新チーム発足とともに就任した新監督・上田誠から「セカンドへの牽制のサインを、自分たちで考えてみようよ」と言われ、暗くなるまで選手同士で活発に意見交換したあの日のことを、最高の思い出としている。

「やっぱりまかされた喜びが、そのままストレートにやりがいになったんです。自分たちで試行錯誤した結果、実戦でそのサインプレーが決まった。その一連の心の動きが、本当に大きく残っている。だから私も指導者になったら、やっぱりまかせたい。一人ひとりに『まかされる喜び』を感じてほしいんです」

ただ繰り返し記す通り、選手たちが高校野球をプレーできる時間は短い。わずか2年4か月、甲子園出場を決めたチームでもそれに数週間が加わるだけだ。いったんはまかせたとしても、うまくいかない場合に指導者が「介入」する例は多々あり、その気持ちもわかる。

だが、森林はこう続ける。

「『まかせる』と『待つ』はセットだと思っています。まかせても我慢できなくてすぐ口出ししちゃうとか、逐一進捗状況をチェックするとか、そうやってやる気を削ぐのは簡単です。これはスポーツに限らない。会社の上司にもよく見られる例ですよね。ビジネスなら期限もあるし、待っている場合じゃないかもしれない。でもそこを我慢して、本人に試行錯誤させた上で決めさせることが経験となって、成長につながるというのが僕の考え方です」

ただし、これもバランスの問題であるという。ティーチング＝知識ややり方を伝えて正解を教えること。コーチング＝質問して問いかけ、本人に考えさせることで学びを得てもらうこと。この二つを0か100かではなく、相手やタイミングに応じて上手に使い分けることが肝要だと言う。

「たしかにウチは自主性や主体性を大事にしているし、自ら考えることを大切にしています。でも全てをまかせているわけではなくて、時期や相手によってはティーチングに重きを置く時もある。そんな中でも、『まかせる』ことの比重は高くしてやっています。10年後や20年後を考えた時、その選手がどう成長できるかを考えたら、まかせて待つ方が絶対にいいですから」

選手ミーティングで自主性を育む

森林の指導を受けた慶應高校野球部のOBに当時の記憶を辿ってもらうと、誰もが饒舌になるのがナインのみで行った「選手ミーティング」の思い出だ。

夏の新チーム発足時、あるいは秋の公式戦後、長いアウト・オブ・シーズンを迎えるにあたって、さらには最後の夏の前に、チームの目指すべき方向性を選手のみで話し合う。レギュラーも控え選手も関係なく、誰もが本音をぶつけ合う。感情が爆発し、泣き出す者もいる。森林ら首脳陣はその場に立ち合わず、彼らにまかせ、ただ議論が終わるのを待つ。

きっかけは就任2年目、熱血漢のキャプテンとして野球部史にその名を残す新美《にいみ》貫太《かんた》の代から始まったと森林は語る。

「それまでは大会に負けるとか節目があると、『俺はこう思うから、こういうふうにやっていこう』って、施政方針演説のような形で僕が方向付けをしていたんです。そしたら新美が『自分たちだけでミーティングをやらせて下さい』と言ってきまして」

新美はその後も節目節目で選手のみのミーティング開催を希望した。熱っぽくチームへの思いを訴え、ナインもそれを受け止めた。

「それでみんなの意識が統一されて、チームがまとまっていった。これっていいなと思ったんです。というのはこっちが先に話しちゃうと、『森林さんがそう思っているなら……』と無意識のうちに監督依存になってしまう。だから、まずは選手同士で感じたことを語り合い、この練習が多すぎた、少なすぎたとか、本音をぶつけ合ってもらう。その結論が出た後に、こっちも思っていることを伝えますから、と。僕が監督室で待っていると、キャプテンが来て『今日まとまらなかったので、明日もやっていいですか』みたいな。こちらは『OK』と言うだけです。長いときだと1日6時間やったり、それが丸2日かかるとか。僕が入らないことで、彼らは本音が言い合える。この『本音を出す』というのが大事なことだと思います」

選手ミーティングの場では、野球の上手い下手は関係ない。2018年春のセンバツで初戦敗退後は、マイナー組がベンチ入りメンバーに対しての不満を吐露し、レギュラー陣が取り組みを見直す契機になった。もう一度、チーム一丸で必死に練習しようと結束したその代は、春夏連続で甲子園切符をもぎ取った。

「本気で何か言えるのは、青春時代のいいところ。本音でぶつかり合うからこそ、思い出に残るんでしょう。だからこっちは提案を受けたら、受け止めて反映したい。『そんなの無理だろ』とか『もっとちゃんと考えてこい』と言われたら、やる気がなくなるじゃないですか。『言って良かった』『採り入れてくれたぞ』となれば、次も提案しようと思うし、みんなで意見を出し合って良かったなとなる。心理的安全性ですよね。組織が活性化するためには、必要な要素かなと思っています」

中間管理職としての「学生コーチ」

「学生コーチ」は慶應高校特有の制度である。

慶應高校を卒業したＯＢの慶大生が後輩たちの練習をサポートする。同校では野球部以外の部活動でも存在する。練習拠点となる日吉台野球場が、主に大学1、2年が通う日吉キャンパスと同じ敷地内であることも、独特の体制が成り立つ要因だ。

森林が慶大を卒業後、一度は大手企業・ＮＴＴに就職したにもかかわらず、指導者への道を志したのは学生コーチ時代の「胸が熱くなる」体験が忘れられなかったということは、前述した通りだ。

杉岡壮将は慶應高校の内野手として3年間、学生コーチとして4年間、この日吉台野球場で魂を燃やした。通算7年目の夏は入学時から濃密な付き合いをしてきた後輩たちが、全国制覇を成し遂げた。

学生コーチを「卒業」した今、その役割についてこう語った。

「組織における中間管理職です。4年間やって、今になってわかるのは、まかせるというのは人を信頼できるということ。それって森林さんのすごさだなと思います」

国道246号が延びて、東急田園都市線が通る住宅街。杉岡は川崎市立宮崎中学校の出身だ。3年次には硬式野球チーム「横浜青葉ボーイズ」の主将として初の全国大会出場を果たした。あの野茂英雄が総監督を務める日本代表チーム「ＮＯＭＯジャパン」にも選ばれ、チームメートには現在阪神の西純矢《じゅんや》、中日の石川昂弥《たかや》、楽天の黒川史陽《ふみや》らがいた。中学の内申点は満点45点中、44。一般入試でも慶應高校を受験しようと思っていたが、代表チームの経歴は推薦入試で有効だった。見事に合格した。

2年夏には背番号14で甲子園に出場すると、2回戦・高知商戦では劣勢の中で迎えた9回、代打でライト前ヒットを放った。観衆3万9000人の大歓声が、今でも耳から離れない。

3年生が引退し、最上級生になって意気込む杉岡だったが、手首の慢性的な痛みに襲われていた。打撃練習もままならない中、3年の春に試合中のクロスプレーで右肩を脱臼した。最後の夏、何とか出場できたが、完全燃焼はできなかった。ケガとの闘いに明け暮れていた頃、親身になってくれたのが学生コーチだった。

「手首が痛くて冬に打撃練習ができない時は、手首が使えなくてもできる守備練習を考えてもらったり。学生コーチがフォローしてくれたからこそ、腐らずに続けられたんです。ある意味、学生コーチと自主練習している時間が、僕は一番好きだったので」

慶大で野球部に入り選手を続けるか、迷いがあった。手首の状態は良くない。大学では木製バットに変わる。ごまかしは利かないだろう。ならば学生コーチとして後輩たちをサポートしよう。杉岡はポジティブな心境で転身を決断した。

「ケガをして野球ができなかった期間は、練習のサポートをしたんです。それが意外とやりがいがあって、楽しかった。ちょっとアドバイスした後輩が『うまくいきました！』と言ってくれたり。でも、一番大きいのは、自分が学生コーチにお世話になりすぎたことです（笑）。この学生コーチという文化、伝統は塾高独自のもの。自分が恩を受けておいて、後輩たちに返さないというのは何か違う。そこの義理人情の部分が一番大きい決め手になりました」

　大学１年次は２０２０年、コロナ禍のまっただ中。学校は休校になり、部活動は休止となった。杉岡は硬式野球ができるグラウンドを探し、周辺に住む部員を集めてノックを打った。夏の甲子園は中止になり、神奈川では８月に独自の代替大会が行われた。チームは16強入りしたが、無観客試合のため、学生コーチは試合を見ることすらできなかった。

「１年目はモヤモヤするだけでした。やりきれない思いが強かったです」

　２年次はマイナーのコーチを担当した。マイナーを統括する部長の赤松衡樹をサポートし、遠征に同行した。

「マイナーの選手のモチベーションを維持するのは、難しかったですね。もちろんメジャーに食い込んで活躍してほしいですが、遠すぎる目標を言っても、伝わらない。個々の選手と1対1でコミュニケーションを取るときは、現実的な目標を一緒に決めたり、『お前のいいところはここだから、伸ばしていこうよ』と話したりしました。腐ったり、チームとして反対の方向に行く選手を出さないのが、マイナーの選手に対するアプローチとしては一番大事ですから」

3年次には学生コーチ全体を引っ張るメジャーの内野コーチを務め、4年次は全体的にメジャー、マイナーをバランスよく指導した。チーム内における学生コーチの裁量は、いかほどのものなのか。

「メンバー選考でも、学生コーチがすごい発言権を持っています。メジャーとマイナーの入れ替えは、ほぼ学生コーチに一任されていますね」

メンバー選考や入れ替えは、チーム編成の命綱だ。従来の高校野球において監督がピラミッドの頂点に君臨できるのも、これを一存で決められるからである。

そんな大事なところを学生コーチに「まかせる」とは。

杉岡は続けた。

「メンバー選考の会議では、基本的に学生コーチが最初に発言します。それは森林さんと赤松さんの方針だと思います。森林さんはメジャーに帯同することが多いので、マイナーについては赤松さんと学生コーチが中心になる。でも赤松さんは選考の場で、自らポンポン発言しないんです。もちろん強く思ったことがあれば言いますけど、二人とも学生コーチの発言や裁量を大切にしてくれる。だからこそ、学生コーチは日々の練習や練習試合で選手のことを、しっかりと見てあげなきゃいけないんです」

山あり谷ありのシーズン、グラウンド内で緊張感が欠ける時もある。そんな時も学生コーチの出番だ。

「優勝した２０２３年の代ですと、主将の大村やシートノックを打っていた片山朝陽という学生コーチが集合をかけて、ゆるんだら締めるというのをその都度やっていました。そんな時、森林さんや赤松さんは何も言いません」

試行錯誤するプロセスを重視

一つ、疑問が湧いた。

いくら機転の利く慶大生といえどもコーチとしては新米である。指導したことが最適解とは限らない。豊富な経験を有する森林らが名門チームの方向性を学生コーチに託すことは、果たして勝つための最善策なのだろうか。

「ある意味、自分たちも選手と一緒に経験するぐらいの感じで、試行錯誤しながらやっています。たしかに指導者が直接、選手に言った方が正解には近いかもしれない。でもそれで選手のモチベーションが上がるかといえば、それはわからない。学生コーチが森林さんや赤松さんに勝てるところは、選手との距離や接している回数、時間です。森林さんも学生コーチ出身なので、僕たちが選手とより深くコミュニケーションを取っていることを理解して、まかせてくれているんだと思います」

選手にまかせる。学生コーチにまかせる。

杉岡は森林のもとで過ごした7年間に思いを馳せ、その真意をこのように推察した。

「個人的な意見ですが、勝利が全てではないという前提があるんだと思います。勝ちが全てだったら、森林さんは自分でやると思うんですが、選手が自分で考えて実行するというプロセスを大事にしている。それは学生コーチについても同じです。試行錯誤をさせる、そのプロセスに価値を見いだしているんじゃないかな、と」

自由闊達な指導を許されている学生コーチだが、彼らの中で徹底されていることがある。

「僕らも意見は言いますが、最後に決めるのは森林さん。だから森林さんに多くの選択肢を与えるために、学生コーチは現場でいろんなことを見て、吸収しなくてはならないんです。選手が森林さんに不満を持つことも正直、あります。その時に学生コーチは絶対に森林さんを否定しちゃいけない。組織のトップですから。でもその選手の不満をうまく解消させてあげられるような言葉をかけたい。すごく言葉を選びますし、難しいコミュニケーションでしたね」

まさに中間管理職の仕事である。

「やっぱり自主性や楽しさを提供したいと思って、学生コーチをやっているので。誰かのためにがんばることの楽しさというか、選手のためにこれだけ時間を割いて、これだけ熱量を捧げることが、本当に楽しいんだなって。その最後の責任を森林さんと赤松さんが取ってくれるという安心感は、絶対どこかにありましたね」

数年前、学生コーチの間で、自分たちのキャッチフレーズを作ろうという話になった。

「ＫＥＩＯ日本一の陰の立役者」。そう決まった。

杉岡はこの「陰の立役者」という言葉が好きだ。

「日本一になって注目を浴びるのは選手ですし、森林さんですが、実は学生コーチがいないと塾高野球部が成り立たないことは、部に関わる全員がわかっています。自分たちの中で『オレたちがいなかったら、日本一になってないよね』と思えることこそ、学生コーチの誇りなんです。誰も口に出しては、言いませんけど（笑）」

参謀は兵庫生まれの熱血漢

「赤松がいなかったら、塾高の甲子園優勝は絶対になかった」

前監督の上田誠が言い切った。赤松とは慶應高校の軍師、野球部長を務める赤松衡樹のことだ。

上田はこう続ける。

「赤松はね、人柄がいいんです。もう愛される人柄なんで」

クールな森林とは対照的な熱血漢。マイナーの統括や選手の学業面、生活面でのフォロー、OB会や高野連、メディアへの対応など、業務は多岐に及ぶ。その名が報道されることは稀だが、高校球界では一目置かれる存在である。

1976年8月21日、兵庫県小野市に生を受けた。中堅ゼネコンに勤務する父は大の野球好きで、熱狂的阪神ファンだった。甲子園球場に年間シートを購入し、今も2時間かけて観戦に行っている。

「僕も昔から高校野球が大好きだったんです。東邦が上宮に逆転サヨナラで優勝した1989年のセンバツ決勝とか、よく覚えています。あとは（90年センバツ準決勝の）北《ほく》陽《よう》と新田の延長17回ですね」

当時、兵庫県内の私立高校は同じ日に入試日が設定されていた。難関私学の甲陽学院と地元の県立校・小野高校に照準を絞る中、父に「慶應高校も受けてみたい」と話すと、「慶應なら」と了承された。

「せっかく受験勉強していたので、私立をもう1校受けようと。小野駅前にある塾に通っていたんですが、その塾には塾高の過去問なんてないので。本屋で注文して、家で勉強していました」

甲陽学院は不合格だったが、慶應高校は「補欠A」の通知。ほどなく合格の知らせが届いた。親元を離れ、自立を決意。日吉駅前にかつてあった「日吉台学生ハイツ」に部屋を借り、独り暮らしが始まった。

入学時の監督は上田誠。その頃、大学1年の学生コーチだったのが森林貴彦だ。推薦入試が導入される前。日吉台野球場で関西弁は珍しかった。髪型自由。指揮官を「上田さん」と呼ぶ独特のカルチャーの中、二塁手として白球を追った。ベンチ入りは果たせなかったが、3年次には1年生の指導役である「新人監督」を務めた。

「上田さん、厳しかったですよ（笑）。でも『俺の言うことを全部聞け！』みたいな感じではなかった。世の中の常識にとらわれていないところはあったと思います」

慶大では総合政策学部に進学。時は90年代。「SFC」こと湘南藤沢キャンパスはコンピューターと語学に力を入れ、受験生の間でも高い人気を集めていた。

「そもそもSFCには勉強をしに行ったんです。パソコンを一人1台持って、英語もコミュニカティブな教育方針で先進的だったし」

だが、赤松を野球が追いかけてきた。

同じキャンパス内にある慶應湘南藤沢高等部の野球部コーチは森林の同級生が務めていた。そんな縁で「ちょっと練習来いよ」と誘われた。グラウンドに立つと、血が騒いだ。学生コーチになり、指導にのめり込んだ。情熱的な指導は評判を呼び、冬が訪れる頃には監督に就任した。19歳だった。

「当時、将来一番やりたくない仕事が教師だったんです。でも、教えだしたらおもしろさを感じて。不思議でしたけどね。チームもレベルは低かったけど、自分が全然たいしたことのない選手だったから、強くすることにやりがいを感じられたんじゃないですかね。自分が塾高でバリバリの選手だったら、『レベルが低くて嫌だな』と思った気がします」

大学3年だった1997年には夏の神奈川大会で港南台に10－6で勝利し、創部以来初勝利に導いた。1999年春、赤松は総合政策学部を卒業すると、三田キャンパスにある文学部に3年生として学士入学した。教員免許を取るためだった。「将来一番やりたくない仕事」を目指すため、大学に6年間も通った。

「大学4年の春までは、迷っていたんです。就職活動もやりました。ベネッセの最終面接まで行って、どっちかに決めなきゃいけなくて。当時は藤沢市内の中学校の監督とか、湘南地区の高校の監督にかわいがってもらって、一緒に飲みに行く機会があったんです。『普通のサラリーマンと、どっちが楽しそうかな』と思った時、知り合った指導者の方々が目標を持って夢中になって、生き生きしているように感じたんです。やっぱり野球かな、と思って」

1999年には神奈川で「夏3勝」を挙げ、4回戦に進出。2000年まで指揮を執った。熱く、濃い青春だった。

「野球の上手さ」よりも大切なこと

慶應湘南藤沢の監督を務めていた頃、赤松は週に2度、藤沢市内にある上田の自宅に通った。上田の息子の家庭教師を務めていたのだ。指導していた対象こそ、のちにお笑いコンビ「ゾフィー」を結成し、TBSテレビ『キングオブコント2017』『同2019』のファイナリストとなる上田航平である。

「その関係もあって、塾高の副部長になりました。上田さんとはだいぶ近しい関係でしたから。家庭教師を終わると、一緒に酒飲んだりして面倒を見てもらっていたので。上田さんはもう、勝つためにはどうしたらいいか常に考える人でしたから。ある程度お互いモノも言えるし、教え子を入れた方がやりやすくなると思ったんでしょうね」

2001年、幾多の思い出に彩られた日吉台野球場に帰ってきた。

「当時は結構、調子に乗っていたんですよね。湘南藤沢で監督をやっていましたから、自信もあったし。最初は理想を掲げて、上田さんと衝突して、怒られてみたいなのがめっちゃ多かったですね」

上田も証言する。

「アイツは結構モノを言うんです。寿司屋でドアをバーン！ と蹴って出て行ったこともあった。そしたらガラスが全部割れちゃった（笑）。何でも言い合える仲なんです。アイツのおかげですね」

赤松の転機は2007年に訪れた。慶應高校の制度を活用して、1年半、コロンビア大学に留学した。渡航前にはサラリーマン歌手コンビ『シャインズ』としても活躍した杉村太郎が主宰する語学コーチングスクール『プレゼンス』に通った。慶大出身者の杉村に「塾高の教員で野球を教えています」と話すと、マンツーマンで特訓してくれることになった。昼間は慶應高校で教壇に立ち、放課後は日吉台野球場で指導した後、杉村の下で英語の学習に没頭した。帰宅は常に終電だった。

「当時、杉村さんにマンツーマンで見てもらえるなんて普通はないことなんです。超バリバリでギラギラしていました。『お前、これできてねえじゃねえか！』とキレられながら（笑）」

親身の指導が実り、赤松はニューヨークに飛んだ。マンハッタンに住み、私立のインディペンデントスクールでインターンとして働いた。主に小学生を対象にアニメや習字といった日本文化を教えた。毎日がカルチャーショックだった。

「『こうじゃなきゃいけない』みたいなのが全くないんです。授業で習字を教えていると、隣のクラスの生徒が入ってきて『ちょっと僕にも書かせて』って（笑）。何これ、日本ならありえないよ、みたいな。ルールがないわけじゃないんですが、『ちょっとしたことなら、別にいいんじゃない』って。超寛容なんです。あとは他者を認めるという」

帰国後。多様性の街・ニューヨークでの学びを、赤松は慶應高校野球部のマネジメントにも生かしていく。

「推薦入試組」「内部進学組」「一般入試組」と三つのカルチャーが融合し、一体化することに心血を注いだ。

「入学した当初は分かれる感じがあって、まず『それはダメだ』と話をします。うまく混ざり合った代はいい雰囲気になりますし、まとまらなかった代は最後、盛り上がっていかない。心がけているのは絶対に差別しないこと。推薦で入ってきた選手を優先して使うことはしません。中学での実績がすごくても、ダメならマイナーに落とします。固定はせず、できる限り入れ替える」

野球が上手いから偉い、下手だから偉くないにはならないし、絶対にそうはさせない。綺麗事抜きでそう言えるのは、慶應高校ならではの事情がある。

「ウチの場合、みんな同じ大学に進んだ後、社会に出て行きます。その時、別にレギュラーだったヤツが世の中で活躍するわけじゃない。むしろメンバー外だったけれど学業をがんばったヤツが、活躍する例も多々ある。だからメジャーの選手たちがマイナーの選手たちから学ぶことっていうのは、いっぱいあるわけです」

慶應高校OBで慶大の主将を務め、2023年のドラフト3位でソフトバンク入りした廣瀬隆太《りゅうた》が、こんな話をしてくれた。

「森林さんと赤松さんは名コンビだと思います。あの二人って、とにかく仲いいじゃないですか。首脳陣の仲がいいと、選手ってすごくやりやすいんですよ」

そして赤松の森林評は、どんなものか。

「タイプが違うというのは僕もそう思います。コミュニケーションは取りやすいですね。基本的にまかせてくれるんで」

ちなみに関係者の多くがこう話してくれた。

「赤松さんを怒らせたら、誰よりも怖い」

カミナリが落ちるのは野球ではなく学業面や生活面。「人として許せないこと」があった時、赤松は大人の代表として、声を荒らげる。

慶應高校時代の同級生は「真っすぐな男。当時から野球ゲームのファミスタをやる時もストレートしか投げなかった」と証言する。森林から多くをまかされた軍師は、今日も忙しなく校舎と日吉台野球場を行き来している。

第5章　「考えさせる」技術

覚悟を問われる「新人トレ」

慶應高校野球部は決してユートピアではない。

「エンジョイ・ベースボール」の表面だけをなぞれば、髪型が自由で上下関係も厳しくなく、和気あいあいとした楽園のような組織に一見思われがちだ。しかし現実は日本一を目指して激しい競争を繰り広げる集団である。

入部を希望する1年生には基礎体力作りと3年間やり抜く覚悟を決めてもらうために、4月から約2か月にわたって厳しいトレーニングが課される。「新人トレ」と呼ばれる。すでに選手を退いた3年生が新人監督となり、責任を持って1年生を指導し、学生コーチが補佐する。4年間にわたって学生コーチを務めた杉岡壮将が解説してくれた。

「中途半端な人間が入ってこないための『振り落とし』の意味もあると思います。塾高は世間一般のイメージだと『エンジョイ・ベースボール』ですし、『ゆるい』という部分がフォーカスされがちです。でも、日本一を目指す組織というのが前提にある。だから『新人トレ』は同好会のような感覚で入って来る人に『それは違うよ』と知らしめる期間でもあるんです。そこは全然、慶應っぽくない」

内容はシンプルだ。腹筋や腕立て伏せなどの基礎運動を課して、厳しい空気の中、尋常ならざる回数を求めていく。

「軽い気持ちで入った人は、『ここは自分がいる場所じゃないな』と思って、辞めていきます。代によって違いますが、数人です。わかって辞めてもらった方が、その人のためにもなるし、他の道に行ったらもっと活躍できるかもしれないですから」

基本的に入部希望者は拒まず、誰でも受け入れる。しかし生半可な気持ちでは続けられないことを、まずは体で知ってもらう。

「こちらから辞めさせることは絶対にしないですけど、どこまで厳しくしていいのかは本当に難しい。ただユルユルでやっても全く意味がない。そのバランスを、森林さんと赤松さんは新人監督にまかせてくれるんです」

いちばん辛い「内外連係」

〝通過儀礼〟としての新人トレは慶應高校野球部員にとって最初の関門であるが、真の試練はその先にあったと語るのは、107年ぶり日本一の立役者・丸田湊斗である。

入学間もない1年次の丸田は、練習の中で衝撃を受けた。内野手と外野手の連係（内外連係）や走塁練習において、上級生から常に「根拠」を求められたからだ。

「カットプレーとか状況判断で、『考える』ことが必要とされるんです。『考えていないのがダメ』と言われる。先輩たちや学生コーチ、森林さんからも言われました。ランナーでもしっかり考えてやらないと指摘されるし、それを確実に実行しなくてはならないプレッシャーもありました。新人トレよりも、そっちの方がしんどかったです」

それらの練習中、指導者の怒鳴り声や罵声は、ない。学生コーチや上級生が緊張感のある空気を醸成する中、一つひとつのプレーに根拠を求められながら、丸田は野球脳を鍛え上げていった。

「『練習を公式戦にどれだけ近づけるか』と普段から言われていました。公式戦は必ずプレッシャーがかかる。だから練習からプレッシャーをかけてやっていこうと。エラーするとまわりに怒られるとか、懲罰交代とかはないんですが、積極的じゃないプレーや消極的な中で起きたミスには、評価が下げられる感じですかね」

正捕手として甲子園Vを牽引した渡辺憩《けい》も、入部直後の投内連係で感じた「圧」は強烈だったと語る。

「先輩から『なんで今、二塁に投げたの？』とか、常に根拠を言えと。答えられないと変な空気になって、『すいません』みたいな気まずい雰囲気になる。すごいプレッシャーがありました。『上下は関係ない。気づいたことがあったら下からも言えよ』と言われて。代によっても雰囲気は違いますが、そのキツさがあったから、自分たちの代になってプレッシャーにも耐えられるようになったかなと思います」

高校野球生活を振り返る時、経験者のほとんどはフィジカル面でのトレーニングが最も苦しかったと口を揃える。その一方、ギリギリの重圧に襲われながら、「考える」ことが最も辛かったというのは、慶應高校ならではの興味深い事象である。

「観察」と「想像」の大切さ

「そうだなあ、『細かい』。あとは『深い』かな」

慶大監督・堀井哲也の森林に対する人物評である。

2023年春、二人はある関係者の法事の後、同じクルマで帰る機会があった。堀井は3年生打者・清原正吾《しょうご》の起用法について逡巡していた。清原和博の長男である正吾は慶應高校でアメフト部だったが、慶應幼稚舎時代に6年間、担任を務めたのが森林だった。堀井が相談すると、森林は正吾の性格について約30分、語り続けた。

「清原のそんなところまで見ているんだな、すごいなって驚いたんだよね」

堀井の言葉を森林に伝えると、「それはうれしいですね」と言って、こう続けた。

「僕はコミュニケーションの入り口は、観察だと思っているんです。選手とたまたまトイレで隣になった時、『最近、変化球がキレてきたね』とか『バッティングでタイミングの取り方、変えたの?』とかを糸口に話したいんです。観察や情報収集をすれば、短時間の会話でも深いところに行きやすい。選手たちとのコミュニケーションは1回1回がすごく大事なので」

慶應高校野球部の部員は3学年合わせて100人を超える。直接指導は学生コーチが主になり、森林と一人ひとりとの対話は、それほど頻繁には行えない。だからこそ1回の会話を良いものにしたい。副次的な効果だが、選手たちが「森林さんは自分を見てくれている」と思えば、モチベーションも上がる。

「観察から洞察、推理まで行ければさらにいいですよね。『何で最近、打ち方を変えたのかな？　長打を増やしたいのかな？』と自分なりの仮説を持って問いかければ、答える側も『そうなんですが、実際うまくいかなくて』といったふうに、掘り下げた会話ができる。浅いやり取りではもったいないから、じっくり観察するんです」

繰り返すが高校野球の指導は2年4か月と有限だ。時間は残されていない。選手の上達を望む指導者が「そうじゃない」「こうしろ」と、すぐに最適解を提示するのも無理はない。

だが、森林のやり方は違う。

「すぐに聞いてしまうより、推理するのが本質的に好きというのはあります。まかせたからには、少し待ちたい。待っている間、僕はじっくりと見るし、観察されている選手はその間、考えて試行錯誤する。そのプロセスが大事だと思っているんです」

「教える」ではなく「問いかける」

観察から想像へ。だから森林は常に選手に問いかける。

「筑波大の大学院でコーチング論を研究したときに学んだんです。答えは相手の中にあるから、問いかけて引き出すんだと。指導する側が先に答えを言うと、選手が考える機会を奪うし、押しつけになってしまう。だから、『はい』か『いいえ』で答えられるクローズド・クエスチョンではなく、オープン・クエスチョンにするんです。例えば捕手のリードなら『何でストレートを2球続けたの？』と聞けば、『真っすぐをファウルされた時にタイミングが合っていなかったから、もう1球行きました』と答えが返ってくる」

指導者から選手に「指導する」という一方通行ではなく、双方向的なやりとりこそが目指すべき境地だ。

「そこは高校生ですから、あとづけの理屈で取り繕う時もあります。そんな時は『それはおかしくない？』と言います。すると『バレた』という顔をする（笑）。練習中だったらあえて拡声器を使って指摘することもあります。周りで聞いているみんなも『ごまかしちゃダメだな』と共有できる。それが新たな気づきとなって『考えが浅かったな』『次はしっかり考えよう』となればいいんじゃないかな」

考えさせる。そしてより考えさせるために、リーダーは観察し、想像し、問いかけることを怠ってはならない。

慶應高校で正捕手と主将を務め、2023年秋に慶大野球部の最上級生、副将として明治神宮大会制覇を成し遂げた善波力《よしなみつとむ》はこう話す。

「塾高に入学後、半年も経たない1年秋からキャッチャーをやらせてもらいましたが、その時から森林さんは自分の考えを聞いてくれました。配球の組み立てやバッターに対する攻め方も尊重してくださって、『どう考えたの？』と聞いてくれて。森林さんが引き出して、深掘りしてくださったので、そのやり取りの中で自分の考えも深まりました。3年間を通して『考えを押し付けられた』という印象は全くなく、『自分の意見や考えも聞いてくれるんだな』『尊重してくれるんだな』という信頼関係が築けたのかなと」

2023年夏のVに貢献した正捕手・渡辺憩の証言はこうだ。

「森林さんは良くも悪くも僕たち選手と結構、距離が近いんです。強豪校はどうしても監督が上で、逆らえない感じが多いと思うんですが、森林さんは上にいない。いつも、横にいるんです」

フラットな目線からの問いかけはこれからも慶應ナインを悩ませ、育てていくのだろう。

「揺さぶる」ことで「感性」を育む

朗らかな喜びの声は、最後まで途絶えることがなかった。

２０２４年1月20日、日吉台野球場。慶應高校の２年生ナイン31人は、全国の知的障害を持つ中高生の硬式野球挑戦を支援する「甲子園夢プロジェクト」の選手27人、東京都立青鳥《せいちょう》特別支援学校のベースボール部の部員６人と合同練習会を行った。二人一組でペアを作ると、お互いに自己紹介しながら準備運動をした。声を掛け合いながら、ノックや打撃練習などに臨んだ。

慶應が１０７年ぶりとなる夏の日本一を果たした２０２３年は、青鳥特別支援学校にとっても意義深い年になった。

5月に特別支援学校として初めて東京都高野連に加盟。夏の高校野球西東京大会に深沢高校、松蔭大松蔭高校と連合チームを組んで出場した。初戦で松原高校と対戦すると、両軍合わせて38安打が飛び交う超乱打戦の末、19－23で惜敗したが、大きな第一歩を記した。知的障害を持つ高校生たちの奮闘は、テレビのニュースでも報じられた。

慶應高校との合同練習はオンラインでの一度を含み、２０２２年3月6日以来、５度目だ。森林は「甲子園夢プロジェクト」の理念に賛同し、交流を続けてきた。高野連加盟が決まった後、青鳥特別支援学校監督の久保田浩司《ひろし》が「慶應さんとおそろいのストッキングにさせていただいてよろしいですか」と尋ねると、森林は快諾するだけでなく、同じデザインのストッキングを贈った。この日、6人の部員はそれを着用し、一緒に白球を追った。

交流の意義について、森林はこう語った。

「ウチが一方的に教えるのではなく、接することで多くの学びがある。だから、毎回楽しみにしています。野球選手としての成長だけではなく、人間的な成長も同じように大事。感性が豊かな高校生が、勝ち負けだけを考えているのはもったいないですから」

2024年1月には地域の小学生チームを招いての野球教室も行われた。前年夏の甲子園を制した「KEIO」のユニホームに対する子供たちの憧れは強く、終了後は森林も喜んで写真撮影に応じた。

このような試みは野球技術の上達に即、直結するものではない。だが森林はこういった学びの機会を提供して、選手たちの「感性」を育むことを重視している。

「大前提として、生徒がこちらの思惑通りに反応してくれるとは思っていません。担任している小学生を見ていると特に感じます。人によって反応するタイミングも仕方も、全然違う。1年前は全く反応しなかったけど、1年後に同じ話をしたら急に自分で学び始める……みたいな。高校生も同じで、この瞬間に全員にハッと気づいてもらいたいと思っても、そんなに甘くない。教育って、『自分は微力だな』という無力感との戦いなんです」

まずは「場」を設ける。即効性は求めない。

「野球教室で小学生に伝えることで、『初心を思い出した』とか、『教えるって難しいな』とか、何かしらを感じる。人によって、深く感じる、浅く感じる、あるいはあまり感じないとか、いろいろある。それも、あくまで一つの種まきであり、ヒントに過ぎない」

「甲子園夢プロジェクト」との交流もそうだ。

「成長とか、気づきにつなげてもらいたいんです。僕が100%の自信を持って何か伝えても、全員が感動して『今日から変わります!』みたいなことはあり得ない。だから、『どこかで反応してくれるといいな』『気づきになってくれるといいな』と思いながら、いろいろな機会を提供しています。今、彼らが『こうだ』と思っている常識を、揺さぶることがこちらの仕事。そんなに単純じゃないぞ、もっとこういうこともあるぞ、簡単に凝り固まるなよ、と」

冬場には全国の高校野球部員とＺｏｏｍを用いて交流する。青森や沖縄の学校と、互いの練習について意見交換する。

「いろいろな学校の生徒と話すことで、『沖縄ではこの時期にこんな練習をしてるんだ』とか、『弘前では雪が積もるとビニールハウスの中でしか練習できないんだ』とか。そこでどんな工夫をしてるのか、それって大変だよな、こっちは土の上で練習できてありがたいな、とかね。いろんなことを感じると思うんです。そうやって揺さぶられることで、感性が少しでも育てばいいし、いろいろなことに共感できる人になってほしい」

百聞は一見に如かず。実際に見て、交流し、体験するからこそ、学びは一層大きなものになる。

森林の話を聞いて、「エンジョイ・ベースボール」の元祖で元慶大監督・前田祐吉の逸話を思い出した。

１９５２年、前田ら慶大ナインは慶應義塾元塾長・小泉信三《しんぞう》の勧めで、現在の東村山市にあるハンセン病療養所で紅白戦を行うことになった。選手たちは当初、その意図がわからなかったが、療養所に到着すると、やけどの跡も生々しい小泉が出迎えてくれた。

小泉は１９４５年の東京大空襲で焼夷弾に接触し、顔と両手に跡が残っていた。それにもかかわらず、患者の方々に元気を与えたいという小泉の心意気に、チームの空気は一変した。

登板した前田は終盤、痛烈な逆転ホームランを浴び、敗戦投手になった。だがその放物線が描かれた瞬間、療養所の患者たちは、生まれて初めて目の前で見る本塁打に歓声を上げて喜んだ。

前田は著書『野球と私』でこう書く。

「長い間、ピッチャーとしてマウンドに立ち、ホームランも随分打たれたが、打たれてうれしかったのは、後にも先にもこの時だけであった」

「今にして思えば、われわれ学生にとって、この日の深い感動こそ、本当の意味の教育であったのかも知れない」

学習の機会はグラウンド内とは限らない。むしろ通常の練習から遠く離れたところにこそ、真の学びがある。森林の試みや前田の所感がそう教えてくれる。

選手の将来のための試み「リーガ・アグレシーバ」

「負けたら終わり」のトーナメントが主流の高校野球において、「選手たちの未来にフォーカスした」リーグ戦形式の取り組みが全国各地で行われている。スペイン語で「積極的なリーグ」を意味する「リーガ・アグレシーバ」だ。

2015年に大阪の6校でスタート。その輪は指導者同士の口コミで広がり、34都道府県172校へと拡大した。主宰するのは大阪府堺市の硬式少年野球チーム「堺ビッグボーイズ」の総監督を務める阪長友仁《さかながともひと》だ。

試合形式は興味深い。投手は1日100球といった球数制限が課される。変化球はカーブとチェンジアップのみで、投球全体の25％以内。打者は2024年3月の低反発金属バット導入以前から、木製または低反発の金属バットを使用するといった独自のルールが設けられてきた。試合後は対戦したチームの選手が各ポジションごとに集まり、ラグビーにヒントを得た「アフターマッチファンクション」という名の感想戦を行い、交流を深める。勝利至上主義とは一線を画した、スポーツマンシップを尊ぶ制度が特徴的だ。

森林は神奈川における立ち上げメンバーの一人である。コロナ禍が落ち着いた202

２年の秋から本格的にかかわることになった。慶應高校が２０２３年夏の甲子園を制したことで、自ずと「リーガ・アグレシーバ」の名もさらに有名になった。

なぜ森林は共鳴したのか。

「そもそもは、コロナ禍の閉塞感の中で、何か新しい取り組みをしたいと思っていました。高校野球はトーナメントだから、負けたら終わり。でも、トーナメントのせいで、勝利至上主義と相まってピッチャーを酷使するとか、サイン盗みするとか、監督が暴力や暴言に走るとか、これまでも見てきました。僕自身も、一部のピッチャーに起用が偏るとか、スタメンも固定化してしまうことがあった。それで、何か変えたいと思っていた時に、まさにトーナメントの対義語としての『リーグ戦』。独自のルールを制定して、選手の将来のためにリーグ戦をやりましょうという趣旨がいいなと思ったんです」

出会いも今風である。

「勝ち負けにこだわりすぎず、選手の将来にフォーカスした取り組みができないか……とネットで探していて知りました。コロナ禍真っ只中の２０２０年の秋頃に見つけて、阪長さんとＺｏｏｍで話したんです。実はその2年前くらいに面識はあったんですが、リーグ戦のことを調べていたら、『あの阪長さんだ！』とわかって。『神奈川でもやりたいんだけど、どうしたらいいですか』とか、やり取りしながらスタートしました」

リーグ戦という形式が際立つが、それだけではないという。

「試合はあくまで活動の一部。その他にもオンラインセミナーで学んだりもします。栄養学の専門家の講義とか、元プロの方が投球術を教えたり、アジア大会で審判をやる方がルールについて語るとか。オンラインを生かしながら、選手だけでなく指導者も一緒に学び、成長する、というのがコンセプトです。『アフターマッチファンクション』もその一環。せっかく遠くから練習試合に来ているのに、交流もせずに終わるなんてもったいない。試合の後、食事でもしながら一緒に試合を振り返れば、『こういう意図で配球してたんだけど、わかった?』とか『どうして、ああいうリードの取り方をするの?』とか、いろいろ聞ける。自分が気づいていなかったことを知るきっかけになりますから」

試合を経るごとに他校に友人が増えて、様々な野球観に触れることができる。未来への財産になる。

「いろいろなチームがあるのを知ることで親しみが生まれて、『高校野球をやってる仲間だよね』と思える。それは、本当に大事なことだと思うんです。例えば、東京六大学野球をやっていた人たちって、卒業後に六大学の仲間と集まったりしていますよね。リーグ戦ってそういう仲間意識を育むのにもすごくいい。トーナメントだと、どうしても『敵か味方か』となってしまう。でも、リーグ戦は負けても次の試合があるし、同じ相手と何回も顔を合わせるから顔なじみにもなる。試合は真剣にやるけど、終わったら仲間になれるわけです。せっかく全国で十数万人が高校野球をやっているのに、自分のチームしか知らずに高校野球を終えるのはもったいない。リーガ・アグレシーバは、選手一人ひとりの学びとか成長にダイレクトにつながりやすいんです」

野球を通じて各地に仲間ができることも、教室で授業を受けるだけでは得ることのできない「価値」の一つである。

「勝利至上主義」のトーナメントは確かに見ている者からすればスリリングであり、従来の高校野球人気を下支えしてきた要素である。しかし選手の成長にフォーカスした「成長至上主義」の観点から、リーグ戦という新たな潮流が広がっていることは見逃せない。

第6章　「やりがい」で組織を一つに

「部員100人」の功罪

107年ぶりの全国制覇を成し遂げた時、慶應高校野球部の部員数は奇《く》しくも107人だった。強豪私立の中には少数精鋭で部員数を絞るチームもあるが、慶應高校野球部は上手い下手にかかわらず、基本的に希望者は入部できる。だが覚悟を問うため、「新人トレ」で〝振り落とし〟が行われるのは前述した通りだ。

内部進学組が約4割、一般入試組が約3割、推薦入試組が2〜3割といった比率である。ベンチ入りメンバーは中学時代、全国大会に出場するなど優秀な成績を収めた推薦組が多数を占める。入学時、推薦組のパフォーマンスは突出しており、内部組や一般組はその迫力に圧倒される。だが内部組、一般組も努力と結果次第では、ベンチ入り、レギュラー奪取は不可能ではない。

通常、私立強豪校においてチーム内での序列はある程度、「野球の上手さ」が大きな要素になる。背番号一桁が幅を利かせている例をよく見る。だが、慶應高校はそうとは限らない。個性を尊重する慶應のカルチャーでのびのびと育ってきた内部組や、創意工夫と努力、忍耐を重ね、首都圏屈指の難関校に見事合格した一般組にも、たしかなプライドがある。

後述するが、2003年の推薦入試導入以降、歴代のキャプテンはこの三つをいかに一つにまとめるかに腐心してきた。それは容易なことではない。しかし、一体化したときには強烈な化学反応を起こす。2023年夏の慶應高校野球部が、まさにそうだった。

推薦組であろうと特別扱いはされない。強豪私立の多くで導入されている、学費免除などの特待生制度は、慶應高校にはない。校内は全て一般クラスで構成され、スポーツクラスといったコース分けもない。有望中学選手にとっては「慶大100%進学」は慶應高校を選ぶ際、最大のメリットだが、経済的な優遇はないので地方からの進学となれば下宿代も含め、かなりの出費となる。学業面でも野球部員であることは考慮されず、進級のハードルは厳格だ。

大所帯を統括する森林は言う。

「それまでの経験やモチベーション、目的意識、技量に体力も含めて、だいぶ分散しているのが正直なところです。その大人数をいかにプラスにするかというのは、ウチにとって最大のテーマです。結集すればするほど、大所帯はスクラムでいうところの『押す力』になってくる。逆にバラバラになってしまうと、単なる烏合《うごう》の衆になってしまう。そこは常に意識してマネジメントしている部分です。いかに『みんなでやるんだ』『俺たち全員のチームなんだ』にしていけるか。そんな仕掛けをしていかなくちゃならない。でも一体感とともに、多様性も大事にしたい。『脇目も振らずに一直線！』みたいなことは、ウチではやれませんので。まとまる年もあれば、うまくいかない年もある。これはもう、永遠のテーマですね。『今年のチームは100点！』と言えることはおそらくないけれど、それでも100点を目指し続けることが大事だと」

全員にチャンスを与える

100人を超す集団からいかにして、夏の公式戦を戦うメンバーを選んでいくのか。
慶應高校ナインにとって大きな節目は毎年、5月下旬に訪れる。
「30人切り」だ。

監督が上田誠の頃から、慶應高校に存在する制度である。その日、夏のベンチ入りメンバー20人の有資格者が、まずは30人に絞られる。最後の夏となる3年生にとって、30人に入れなければ、それは即引退を意味する。名前が呼ばれなかった選手は毎年、大粒の涙を流す。

30人に入ることを目標として4月以降、当落線上にいるマイナーの3年生たちはラストアピールに全力を尽くす。練習試合に臨み、彼らの奮闘を赤松と学生コーチが見届け、森林に報告する。最後の最後まで、熾烈な競争が展開される。

「30人切り」に漏れた、ある部員は言った。

「3年生の4月以降、メンバーに入れるかどうかの最後の時期は、メンタル的にも本当にキツかったです。結果を出さなきゃいけないですから。でも、そこで結果を出せば、いきなりメジャーに行くこともできる。最後まで全員にチャンスが与えられて、『自分もメジャーに行けるんじゃないか』と思えることが、モチベーションを維持できる一番大きな理由だと思います」

1対1の対話で役割を確認

30人切りの翌日、入れなかった3年生部員は森林とマンツーマンの面談を行い、チームスタッフとしての役割が決まっていく。1年生の指導担当、データ班、練習サポート……いずれも最後の夏に向かうチームにとっては重要な任務である。

森林は面談の意図について、こう語った。

「心の整理をつけてほしいということです。自分なりの役割や貢献の仕方を見いだしてほしいので、その手助けをしたい。ピッチングが良かった選手なら、打撃投手として高いレベルの球を投げて、メンバーの打力を上げてほしい。人の面倒を見るのが得意な選手には、1年生に自らが学んできたことを注入してほしい。プレーヤーとしてがんばってきた彼らにとって、選手としての道が絶たれるのは本当に大きなことです。だから君がやってきたことは無駄じゃない、それを生かしてここから1か月間、甲子園に行くなら2か月間、どうやってチームのために貢献するのか、一緒に決めてあげたい。その役割がいかに重要かということを、時間をかけて説きますね。そこが最後ふわふわっとなってしまうと、本人も後悔するでしょう。そこは気を遣いますね」

彼らは6月上旬、選手として節目となる「引退試合」に臨み、気持ちに区切りをつける。そして30人が1か月、最後の競争を展開した後、ベンチ入りの20人が発表され、甲子園をかけた夏の県大会へと突入する。

「メンバー外」の貢献に報いる

全国制覇した2023年の夏。神奈川大会から甲子園決勝までの毎試合後、森林が必ず口にしていたコメントがある。

「ウチはベンチ入りメンバーだけでなく、メンバー外も全てが戦力ですから」

常にそう繰り返したのは、なぜだったのか。

「本当にそう思っているからです。あとはもちろん、彼らのがんばりに報いたいという思いもありました」

一例を挙げると、2023年夏のデータ班の奮闘は出色だった。

データチーフを務めたのは荘司《しょうじ》有輝だ。本来なら「30人切り」を境に任務へと就くのだが、以前からデータ分析に興味があった荘司は4月、森林に専念したい旨を伝えた。

6月から二人の仲間が加わり、学生コーチとも連携して、対戦相手を丸裸にしていった。

夏の神奈川大会の準決勝では東海大相模のエース・子安秀弥《こやすしゅうや》を事前に分析。球種や球速はもちろん、状況別、カウント別の配球傾向をグラフ化し、「左打者はチェンジアップを狙い球に絞ろう」と指示。打撃陣は前日練習でチェンジアップ対策を重点的に行った。

試合当日、5番打者の延末藍太《のぶすえあいた》がそれに呼応した。初回2死一、三塁。2球目チェンジアップを強振。先制の右越え3ランを叩き込んだ。先制パンチで流れをたぐり寄せた慶應高校は、12－1で宿敵・東海大相模に6回コールド勝ちした。

決勝の横浜戦では、その秋のドラフト会議で西武から3位指名を受けるプロ注目左腕・杉山遙希《はるき》が相手だった。荘司らデータ班は準々決勝以降、横浜の試合をチェック。杉山に関して「得点圏で直球の割合が減り、チェンジアップとスライダーが多くなる」という傾向を出した。前日の練習前に伝え、意思統一して最終調整した。

2点ビハインドの9回表1死二、三塁、3番・渡邉千之亮《せんのすけ》は杉山のチェンジアップを見事に捉え、左翼席へ3ランを放った。敗戦まで「あと二人」から起死回生の逆転ホームランだった。

さらに記せば、「最強の打撃投手」の助けもあった。慶應高校出身で慶大を経て強豪・ENEOSに所属する左腕・渡部淳一が前日練習で打撃投手を務めた。杉山とほぼ同じ身長181センチのサウスポー。社会人野球の猛者ゆえに変化球は切れまくり、ナインは「淳一さんの球を見ていたので、杉山に嫌な感じはしなかった」と証言した。データ班の分析を、百戦錬磨のOBがリアルに反映。11安打6点で難敵を倒した。

　そんなチームスタッフの奮闘を、森林はこう称えた。

「そうしないと結局、ウチは勝てないんです。東海大相模や横浜にウチがヨーイドンで勝てるか？　勝てないぞって。だからデータ班は本当に大事ですし、リスペクトを忘れないようにしています。この大人数でバラバラになったら、すぐぶっ壊れますから」

　森林は日頃からナインにこう説く。

「試合の前日までが試験。試合当日はテストが返却されて、成績を見る日だ。当日までにどれだけ準備できたかで、勝負は決まる」

　裏方にこそ敬意を示す。以心伝心には頼らず、はっきりとした言葉で伝えていく。その結果、組織全体のモチベーションは高まった。

第7章　「失敗の機会」を奪わない

毎年「別のチームカラー」になる理由

高校野球の強豪校においては、監督の影響力が強ければ強いほど、毎年同じようなカラーのチームに仕上がっていく。

日々の指導はもちろんだが、中学生のスカウティングの時点から「色づけ」は始まっていることもある。

名将と呼ばれる指揮官は、代によって実力の差異が多少あろうと、その卓越した手綱さばきで、夏になるとトーナメントの上位へと引き上げていく。見事なまでに大崩れすることはない。ある種の「品質保証」と言ってもいい。

そんなカリスマ監督がチームを去った瞬間、求心力は低下し、低迷してしまう例は過去、何度もあった。

「やっぱり○○さんがいないとダメだな」――。

〝名将神話〟が途絶えない理由がここにある。

慶應高校の場合はどうか。

森林は言う。

「選手が元々持っている色を壊したくないし、逆に言えば染め切る力は、僕にはない。赤系が多めだったら赤っぽい色の年になるし、青系が多ければ青系の年になる。それが自然です。チームは誰のものかって、選手一人ひとりのものですから」

入試制度の問題もある。私立強豪校では指導者の意向が推薦入試の合否に色濃く反映され、好みに合った中学生を入学させられるが、慶應高校ではそうはいかない。

「うちの場合は入りたい選手が、がんばって入試を突破してくれた中で、その年のチームを作っていく。いる人で作るという意味では、年によってブレが大きいです。僕の考えもそうだし、学校の環境としても色が作りづらい。でも独立志向が強い、『考える野球をやりたい』人が入ってくるという傾向はあるかもしれません」

野球の技量とは関係なく、慶應高校野球部の部員は強烈な個性の持ち主が多い。彼らは前例踏襲を好まない。代が替わると前の代の反省をもとに、方向性は大きく変わる。

森林が強く介入せず、まかせる分、それらの個性派集団を一つにまとめ上げるキャプテンの苦労は他チームの比ではない。

「前の代からただ引き継ぐのではなく、『俺たちはもっとこうやろうぜ！』という伝統があるのは、悪いことじゃないと思っています。たぶん僕が選手たちに『こうやるぞ！』と号令をかければ、キャプテンのしんどさも薄まるんですよね。だから僕のまかせるやり方はキャプテンには酷かもしれない。『あなたはどうしたいの？』とずっと問い続けていますから」

慶應高校のキャプテン選出方法でユニークな点は、引退する3年生にも投票権があることだ。夏の公式戦を終えた翌日の新チーム発足時、引退する3年生も集合して、2、3年生の投票で決まる。

慶應高校野球部主将であることの恍惚と不安とは、何か。

2023年Vメンバーの前の4代にわたって、そのリアルを聞いた。

「自分たちの色を出すことに囚われた」――2019年・善波力

善波力は2018年秋から2019年夏まで主将を務めた。父・達也は2019年まで明治大学野球部監督として9度のリーグ戦優勝、３度の大学日本一に導き、大学日本代表監督も務めた名将である。

「いとこが塾高野球部出身だったんです。中2の冬ぐらいから慶應一本で。学校のテスト勉強もしっかりがんばっていました。父に『慶應へ行きたい』と話したら、応援してくれました」

出身は「麻生ボーイズ」。その前身は元巨人投手・桑田真澄が創設した「麻生ジャイアンツボーイズ」だ。桑田の野球観の流れを受けた、自由な雰囲気のチームだった。

そんな善波が慶應高校野球部に入部して驚いたのは、監督よりも3年生が主体となってチームを運営していることだった。

「グラウンドに入った時に、『大人の集団だな』というのをすごく感じました。選手主体で3年生がチームを作っている雰囲気です。あとは学生コーチですよね。監督や部長よりも、選手に近い距離で練習を進めていたことが印象に残っています」

1年夏から背番号20でベンチ入り。同期の中でも早くから「大人の集団」の中で揉まれることになった。

「練習の緊張感はすごくありました。選手同士がお互い厳しく思ったことをぶつけ合っていましたし。そこに何とか食らいついていかなきゃと。でも変な上下関係は全くなく、1年生だった自分もチームの輪の中に入りやすい雰囲気を上級生が作って下さった。それはすごく感謝しています」

1年秋から正捕手。2年次には春夏の甲子園に出場した。森林にとって甲子園初采配となるセンバツ初戦では、のちに慶大で活躍するサウスポー・増居翔太《ますいしょうた》を擁する彦根東に3－4で惜敗した。第100回記念大会となった2年夏は、北神奈川大会準決勝でセンバツ4強の東海大相模を7－4で撃破。決勝でも桐光学園に7－5と打ち勝ち、聖地行きを決めた。夏の甲子園では1回戦で中越に3－2でサヨナラ勝ち。2回戦で高知商に6－12で敗れた。

「センバツが終わってから夏までの間、メジャーに対するマイナーの突き上げというか思いのぶつけ合いが、すごかったんです。選手の入れ替わりも激しくて。そこで夏に向かって、どんどんチームが一つになっていった。春から夏にかけて成長していった流れやプロセスが、すごく印象に残っています」

いざ新チーム発足。投票で主将に選ばれたのが、善波だった。

「今までやっていなかったことにチャレンジしていこうと。同じことをずっと続けていても——というのはありました。毎年毎年、チームカラーが違うのが塾高ですから。選手だけで一からメニューを考えてみようとか、ノーサインで試合をやったりとか。でも難しかった。うまくいかなかったですね。『森林さんが求めている野球もあると思うので、考え方を聞きながらやりたいです』といった話をした思い出があります」

選手のみのミーティングで新たな試みが決まった時、森林へと伝えるのは主将の仕事だ。

「グラウンドの横の監督室に行って『お話があるんですけど』と。森林さんはまず話を全部聞いてくださって、その上で『じゃあ、やってみようか』という感じです」

自由闊達な空気の中、善波の代では高校生離れしたレポートを森林に提出した部員がいた。肘のケガで選手を断念した吉田豊博は、データを統計学的見地から分析し、選手の評価や戦略を考える「セイバーメトリクス」を自ら学び、新チーム発足から秋までの練習試合のスコアブックを集計。Ａ４用紙約20枚にまとめた。

善波は回想する。

「森林さんに『こういうデータがあるから、こういう打順を組んだらおもしろいと思います』と提案して。森林さんも『やってみよう』と言ってくれて。春から夏にかけてもデータを全部まとめてくれたんです。そういう『なにか新しいこと、今までやらなかったことをやっていこう』という雰囲気があったと思います」

2019年、最後の夏は神奈川大会4回戦で東海大相模に3－16で大敗。チーム善波の夏が終わった。勝った東海大相模は甲子園に出場した。

「みんな一人ひとりの個性もすごくあったんですが、それがチームとしてまとまりきらずに、夏の大会に入ってしまったもどかしさ、悔しさがありました」

毎年カラーが変わる慶應高校野球部。そのリーダーを務める難しさを、こう表現した。

「『自分たちらしい色を出さなきゃ』という義務感もありました。ガラッと変えなきゃいけないと、逆に囚われたところもあったかもしれない。選手個々がいろんな意見を持っているのは、塾高の良さです。それをチームとして一つにまとめ上げることの難しさを感じた1年間でした。日本一という目標へ、この組織をどう動かしていけばいいんだろうと、試行錯誤しながらやれた。すごくいい経験をさせてもらいました。チームにどう貢献して、勝つために何をすればいいのか……と考えた回数は、他の高校生よりも多かったでしょうから」

善波は慶大進学後、4年次に野球部の副将を務めた。控え捕手だったが、大きな声でナインを鼓舞する姿が印象的だった。試合中もベンチとブルペンを行き来し、意思疎通に努めた。代打で登場すると、ひときわ応援席が沸いた。縁の下の働きを多くの人々が見ていた。ベンチ外の選手も含めたチームの一体化に尽力し、最後の秋には東京六大学野球リーグ戦で下馬評を覆して、４季ぶりの優勝。続く明治神宮大会では日本一に輝いた。卒業後はサントリーに入社した。

「野球で学んだことは人と人とのコミュニケーションの大切さ。社会でも自分の強みを出して、会社に貢献できたらと思っています」

そして「お酒、めちゃくちゃ好きなんです」と笑った。

「今思うと、すごく押しつけていた」——２０２０年・本間颯太朗

善波の後を受けて２０１９年秋から主将の座に就いたのが本間颯太《そうた》朗《ろう》だ。大阪生まれの奈良育ち。球歴は輝かしい。中学硬式野球の名門・生《い》駒《こま》ボーイズでは投手、内野手として全国大会に出場。チームメートには埼玉の強豪・花咲徳栄《はなさきとくはる》を経て２０２０年ドラフト１位でソフトバンク入りする井上朋也がいた。

本間は中３の夏、野茂英雄が総監督を務める「ＮＯＭＯジャパン」の主将としてサン

ディエゴとロサンゼルスに遠征した。ドジャースタジアムで練習を見学した日本代表メンバーは、ドジャースの監督を務めるデーブ・ロバーツから「大きくなったら私のためにプレーしてください」と激励された。

生駒ボーイズには過去にも慶應高校に進学した有望選手がいた。本間には他府県の強豪校から誘いもあったが、中学の成績も良かったことから、慶應高校の推薦入試を受け、合格した。

「親とは慶應に落ちたら野球を辞めるという約束でした。落ちたら奈良県の公立高校に行って、普通の人生を歩んでみたいなと。中学でやり切った感もあって、人としてもすごく成長させてもらえたので」

入部時の慶應高校野球部の印象を、素直にこう語った。

「『ゆるすぎ』って思いました。中学時代にバチバチやっていたんで。練習はキツかったですけど、めちゃくちゃ楽しく野球できるなって。初めて先輩の練習に参加した時、サードの下山（悠介・現東芝）さんと一緒にノックを受けたんです。2年上のキャプテンなのに気さくに話しかけて下さって。優しい方だなと。すごく活気のある、いい組織だなと感じました。想像していた高校野球の上下関係というのも全くなくて」

1年秋からベンチ入り。3番打者として秋の神奈川大会準々決勝で、保土ケ谷球場のレフト場外に公式戦1号を叩き込んだ。怖いものなしで突っ走っていた本間だが、その次の準決勝・横浜戦での苦い経験は忘れられない。翌秋のドラフト会議で阪神から3位指名を受ける左腕・及川雅貴《およかわまさき》の前に5打数ノーヒット。3三振を食らった。慶應高校は敗れ、3季連続の甲子園出場はならなかった。

「及川さんは背が高くて、とにかく手足が長い。マウンドと打席の真ん中ぐらいまで手が伸びてくるイメージでした。やっぱりこのレベルから打たないとダメなんだなと。怖さを知りました。僕が打っていれば、たぶん勝っていた。先輩たちは打っていたのに、僕が悉《ことごと》くチャンスを潰して負けてしまった。そこからの冬は、すごく振り込んだ思い出があります」

そんな1年の秋、学生コーチとの面談でこう言われた。

「本間がスタメンで出ているということは、出られない上級生がいるんだ。だから中途半端な姿勢で野球に取り組むことはできないぞ。人一倍、真剣な立ち居振る舞いを見せてくれ」

2年生になっても本間はひたすらバットを振った。真摯な姿勢は上級生や同期が認めていた。春は3回戦敗退、夏は4回戦敗退で新チームを迎えた。本間はキャプテンに選ばれた。

「1学年上の善波さんの代は、個人個人でやっていたイメージがあって、ミスをしても誰も怒らない雰囲気だったんです。新チーム発足後、最初の選手ミーティングで、そこが公式戦の弱さに出ているんじゃないかという話になりました。練習の1個1個のミスからしっかり指摘していこう、厳しくしよう。そこが勝負強さに結びつくんじゃないかと。だから、慶應っぽくない空気だったんじゃないかと思います」

本間は鬼になった。闘う集団になることを求めた。中学時代には厳しい環境で修業を重ね、人生を切り拓いてきた成功体験もあった。

「グラウンド外のことでも、めちゃくちゃ怒っていました。部室やウエイト場が汚かったり、戸締まりができていなかったり、食べ残しが道路に落ちていたり。そこを立て直さないと、強くなっていかないと感じていたので」

生活習慣を整えることと、野球の上達に相関関係はあるのか。なぜ部室が汚いことが、チームの弱さにつながるのだろうか。

「野球をしていても、最後は性格や習慣が出るんです。靴を脱いだら揃え、ゴミが落ちていたら拾うような丁寧さや視野の広さがあれば、グラウンドで生きます。視野の広さは試合中の『気づき』につながるし、日常生活のルールを徹底できない人は、野球の上での決まり事もたぶん徹底できないでしょうから」

自分に厳しく。他人にも厳しく。なぜなら俺たちの目標はKEIO日本一じゃないか。だが、本間の思いはなかなかナインに浸透しなかった。

「高校時代は、めちゃくちゃ嫌われていたと思います。自分でもわかっていました。幹部以外は野球部内に話せる人も少なかったので。でも嫌われてもいいから、徹しようと思ったんです。思ったことは全部言おうと」

そして迎えた秋の神奈川大会。チーム本間は4回戦で桐光学園に1－3で敗れ、翌春のセンバツ行きが断たれた。

敗戦後、本間はミーティングでチーム内での徹底事項を決めた。練習前、練習の間、練習後、試合中……と20項目に及んだ。最後にこんな文章を付け加えた。

「俺たちは弱い。だからできることをやろう。全てはKEIO日本一のために」

日吉台野球場の至る所に掲出するため、森林に承認を得ようと監督室を訪ねた。「これでいいよ」。だが指揮官は1点だけ、「俺たちは弱い」の部分に「まだ」を書き加えた。

「俺たちはまだ弱い」――。

本間の心が熱くなった。

「普段はあまり口を出さない監督ですけど、しっかり見てくれているんだなって。自分たちで弱いと決めつけるのはまだ早いよ、強くなれる見込みがあるよという思いも感じました」

選手ミーティングを終えるたび、本間は監督室へ報告に行った。厳しく突っ走るその姿勢を指摘されることはなかった。

激しい鍛錬を積んだ長い冬が終わり、春が来た。だが日吉台野球場から、いや全国のグラウンドから球音は消えた。

2020年春、新型コロナウイルスの猛威――。

感染症対策のためセンバツ大会は中止され、夏の甲子園大会もなくなった。学校は閉じられた。本間の情熱は行き場をなくした。

「5月に帰省している時、LINEニュースの速報で夏の甲子園中止を知りました。頭が真っ白になって、めちゃくちゃ泣きました。森林さんからLINEが来て、『今日の夜、Zoomで全体ミーティングします』と。『ここがゴールじゃない』『ここから先が君たちの人生だから、これまでやってきたことは無駄じゃない』『どんな形にしろ、3年生が全力を出し切れる場所を大人側が絶対に用意するから、野球に対する努力を続けてくれ』と。そんな話をして下さったことを、今でも覚えています」

7月まで仲間とは一堂に会せない状況が続いた。その間、本間はナインとZoomミーティングを繰り返した。前例なき事態。何が正解かわからないまま、素直な思いをぶつけ合った。

夏の神奈川大会は中止になったが、代わりに県独自の代替大会が開催された。慶應高校は5回戦で相洋に4-18で敗れた。

「コロナ禍になってからの半年間は、正直めちゃくちゃ難しくて、キツかったです。やっと終わってくれたと、正直ホッとした部分もありました」

2024年、本間は慶大の4年になり、野球部の主将をまかされた。不完全燃焼に終わった慶應高校でのキャプテンの1年間を、こう振り返る。

「今思うと、すごく押しつけていたな、トップダウンでめちゃくちゃ言っていたなって。慶應の良さを全部潰してしまっていた。大学に入ってから気づいたんですけど、塾高も大学の野球部も、慶應にはいろんなバックグラウンドを持った人たちが集まってくる。

だからそれぞれの考え方や立場がある。その意見を汲み取って一つにまとめていくのが、上に立つ人の使命だと今では思っています。野球で食っていこうと思っている人と、野球は高校で終わりと思っている人の熱量は、やっぱり違う。そこを自分だけの基準で求め続けたから、面倒くさがられるし、嫌われた。中学時代、厳しい中でやった成功体験から、押しつけすぎたかな、失敗したなとすごく感じます」

慶應高校野球部の主将も大役だが、慶大野球部の主将はさらに重責だ。失敗から学び、成長の糧にしたからこそ、本間は再びキャプテンを務めることになった。

「塾高や大学も含めて、慶應の良さは『自主自立』です。高校時代はそこに考えが及ばなかった。基準は人それぞれ違うけれど、目標に向かってがんばっているのは全員一緒。だから、よりがんばりやすい環境を整えることにフォーカスして、チームを作っていきたい。高校時代の自分を反面教師にして、やっていこうと思っています」

2023年夏の終わり。甲子園で日本一に輝いた森林は日吉に帰還後、慶大のグラウンドへ挨拶に訪れた。

本間は善波ら慶應高校OBと一緒に森林のもとへ「日本一おめでとうございます」と伝えに行った。森林は彼らに言った。

「善波の代のあの敗戦から、本間の代のコロナで野球ができなかったこと……。いろんなことが繋がって、今年日本一になれたんだよ」

本間の胸に熱いものが込み上げた。

「僕的には自分の代は失敗したな、やりきれなかったと思っていたんですが、伝統の一部になれたんだ、と。主将になった時、一番怖かったのが塾高の伝統を潰して、途切れさせてしまうことだったんです。そんな怖さに対して、５年越しに答えをいただいた。それが、すごくうれしかったんです」

「自分の代は十人十色。クセが強くて、まとまらない」——２０２１年・金岡優仁

本間から２０２０年８月、主将の座を継承したのは金岡優仁《かなおかゆうき》である。忍者の里としても知られる滋賀県甲賀市の出身だ。

「小学生の頃から、夢は大阪桐蔭で全国制覇。ドラフト１位でプロ入りでした。ずっと豪語していたんですよ」

中学時代は元横浜ベイスターズ投手・村西哲幸《てつゆき》が監督を務める湖東《ことう》リトルシニアで、捕手と投手として腕を磨いた。

「村西さんは考えさせる指導をするんです。大体の中学野球チームが10を教えるとしたら、3ぐらいしか教えない。例えば投手の指導でも、2パターンの投球フォームを示した上で、『打者からすると、どっちが見にくい?』と聞いてくる。『ギリギリまでボールを隠した方が、見えにくいです』と答えると、じゃあそんな投げ方にチャレンジしてみよう、みたいな。そこからどう投げるかは自分次第という。結果も大事だけど、プロセスが一番大事という考え方でした」

夏の全国大会4強。強打の3番打者でその原動力となった金岡にも強豪私学から誘いが相次いだ。地元の甲子園常連校から熱烈なアプローチがあった。大阪桐蔭からも話が来た。中学の内申点は満点45中の43だった。

「家族が勉強も大事だという考えだったんです。高校を選ぶ時、野球で行ってはいけないと。初めは滋賀の公立進学校・彦根東の特色選抜を受けようとしていたんですが、慶應高校の存在を知って。家族も『慶應高校なら、受けていいよ』と。正直、葛藤はあったんですが、長期的視点に切り替えて。慶大でもやりたかったですし」

2019年春、単身上京。5月には1年生3人がメジャーの練習試合に登用された。その中に金岡もいた。試合用のユニホームが間に合わず、体の大きい先輩のものを借りた。ブカブカの戦闘服に身を包み、グラウンドに出ると、こうイジられた。

「ベーブ・ルースやんけ！」

3年生の間で爆笑が起きた。金岡はうれしかった。

「めっちゃフレンドリーで、優しいなあって」

1年秋からベンチ入り。しかし「ベーブ・ルース」と呼ばれた有望株がレギュラーになるのは、主将に選ばれた2年秋だった。

「正直、伸び悩みましたね。後悔しかないです」

高校時代に思いを馳せ、こう続けた。

「学生コーチに教えていただいたことを鵜呑みにしすぎたな、と。アドバイスを全部聞いてしまって、全く打てなくなりました。2年の夏はベンチからも外れて。中学時代のフォームに戻そうと思っても、無理。手遅れなんです。後輩たちには、自分に合うか合わないか、最後は自分で決めろと言っています」

もちろん学生コーチは親身になって指導したことだろう。しかし生身の人間同士、合う、合わないはどうしても、ある。プロ野球の世界でも、コーチとの相性で投球フォームや打撃フォームが崩れるのは、よくある話だ。クレバーな選手は右から左に受け流す

「スルースキル」を備えている。だが金岡は十代の高校生。従順だった。

苦境を脱するため、金岡は猛練習した。

そんな真摯な姿勢が上級生や同世代に響いたのだろう。

2020年8月、新チーム発足。金岡は主将に選ばれた。しかしそれは、さらなる試練の始まりだった。

「自分の代は十人十色だったんです。クセが強くて、まとまらない。お笑い芸人のようなヤツもいれば、めっちゃウエイトトレーニングが好きなヤツもいたり、全然喋らないヤツもいる。全然、自分の話を聞いてくれない。それが一番大変でした。もう1年間ずっと、それと闘っていました。（優勝した）大村君の代が羨ましいですよ（笑）」

代替わりする時、選手ミーティングの場で本間からこう言われた。

「言うか言わないか、迷ったら言った方がいい。やるかやらないか、迷ったらやった方がいい。でないと、後で後悔するよ」

2年秋の神奈川大会は3回戦で桐蔭学園に1－6で敗れた。

「自分らの代は期待されていたんです。戦力もいいと。そしたら秋負けちゃって、組織作りをどうしようかという話になって」

〝事件〟は11月中旬に起きた。

慶應高校は遠征し、聖光学院、土浦日大という強豪校とダブルヘッダーで練習試合を行った。聖光学院には勝ったが、土浦日大には2－28と大差で敗れた。だが、試合後の選手ミーティングは比較的短時間で、あっさり終わった。翌日は名門・早稲田実業との練習試合だった。公式戦ではないが、〝早慶戦〟ということで八王子市内にある早実の施設、王貞治記念グラウンドへと應援指導部が駆けつけ、大きな声援を送ってくれた。しかし慶應高校は6－9で敗れた。

その試合後のミーティングだった。

森林の様子がいつもと明らかに違う。怒気をはらんで、こう言った。

「もうこのチームで『KEIO日本一』とか言うの、やめよう。こんなの、日本一を目指すチームじゃない。そんな資格、ないよ。お前らでこのチームの歴史をぶった切るんだな。ずっと続いてきた大切なものを断ち切ろうとしているんだよ、お前たちは」

翌日、日吉台野球場の右翼側に掲げられていた「KEIO日本一」の横断幕が消えた。森林が学生コーチに指示して、撤去した。

「今でもよく覚えています」

森林が回想した。

「叱る、じゃなくて結構、感情的になりました。もしかしたら感情的になった最後かもしれません。勝った、負けたじゃないんです。一人ひとりの気概が物足りなかった。ただ仕方なく野球をやっているだけ。全然生き生きとやっていない。今思えばコロナ禍だったし、疲れとかもあったと思うんです。鼓舞するタイプの選手もいなかったから、みんなで落ち込んでいって。『次はやり返そうぜ』『練習がんばろうぜ』みたいな雰囲気もなく、ただ帰ろうとしているから、この代は許せないなと」

金岡にとっても忘れられない出来事である。

「前代未聞でしたね。『態度が見えるまで横断幕を外す。お前らマジでやべえぞ』と言われて。さすがにみんな心を入れ替えて、練習するようになりました」

春が来た。再び日吉台野球場に「ＫＥＩＯ日本一」の横断幕が帰ってきた。金岡は3年生になった。ハートに火をつける出来事があった。湖東リトルシニアでともに汗を流し、高知の強豪・明徳義塾に進学した仲間が、センバツ甲子園に出場した。

俺もこのままじゃ終われない――。

さらに緊張感を漂わせ、ナインと接した。その頃、入学してきたのが大村昊澄、丸田湊斗、清原勝児ら2年後のVメンバーだ。投内連係や内外連係の練習では、常にプレーの根拠を求めた。のちに丸田が「一番辛かった」と振り返る、あの練習だ。

3年春の公式戦は3回戦で横浜商に3－7で敗れた。

「何か嫌な感じでやられたな、力が出せてないなという負けでした。冬もがんばってきたのに、春も3回戦敗退かと。そこから自分はもう、鬼でした。正直、ボロカス言ってました。最後はもう、本間さんより言っていた気がします。本間さんも結構怒鳴って、だいぶ怖かったですけど……。もう夏しかない。夏に勝てなかったら、本当に自分の責任だと思うようにしたんです。だから、思ったことを全部言おうと。なぜかと言えば、甲子園に出たいから」

奮闘する金岡を森林や赤松は温かく見守った。たまに監督室で話し合う機会や、食事に出かけることもあった。森林は「もっと言いたいことを言っていいんだぞ」と背中を押してくれた。赤松は「大丈夫か。しんどくないか」と心配してくれた。

金岡のやり方には反発もあった。だがある練習試合での黒星によって、チームは結束した。慶應中等部出身の控え外野手、須永晋丞《しんじょう》が選手ミーティングで涙を流しながら、こうスピーチしてくれた。

「俺は悲しい。これだけ金岡もやっていて、すごいヤツもいるのに、なんで勝てないんだ。悲しいよ」

チーム思いで、パッションの塊である須永の言葉はナインの心に響いた。目の色が変わった。

最後の夏、神奈川大会の抽選会場に行ったマネジャーの勝野《かつの》淳が大変なクジを引いてきた。1回戦の相手は秋に敗れた宿敵・桐蔭学園だった。一報に接したナインのテンションは上がった。金岡はその時のことを鮮明に記憶している。

「いきなり桐蔭学園か、やりやがったな！って（笑）。もう負けられないっしょと。勝野が桐蔭を引いてくれて、めっちゃ良かったと思いました。みんな『やんなきゃな！』という空気になって」

両校が春の県大会で夏のシード権獲得に失敗したことで実現した、いきなりの名門同士のマッチアップ。桐蔭学園、慶大OBの元巨人軍監督・高橋由伸もネット裏に駆けつける中、試合はシーソーゲームと化した。

元広島カープ・外野手の前田智徳《とものり》を父に持つ慶應高校のエース右腕・前田晃宏《あきひろ》が、大会直前の6月下旬に練習試合で負った右膝前十字靱帯断裂の重傷を押して力投。逆転を呼び込む好救援で強豪対決を５－４で制し、前年秋の県大会で敗れた借りを返した。激戦を制した森林は報道陣に囲まれ「10回やって１回できるかどうか。一生残る試合だったんじゃないかと思います」と涙を流した。

　ギリギリの戦いは続いた。３回戦でも橘《たちばな》に２点を先取されたが、３－２で９回サヨナラ勝ちした。準決勝進出。相手は横浜創学館だった。金岡が回想する。

「準決勝に行った時、自分は甲子園、決まったなと思いました。横浜には仲間が偵察に行ってくれて、映像を見たんですが、勝てると思った。創学館もエースがずっと一人で投げていて、行けるでしょと。それが驕《おご》りだったのかもしれませんね……」

　準決勝、慶應高校は２－５で敗れた。チーム金岡の夏が終わった。

　バラバラだったチームは一つになれた。成長できた。だが金岡はやっぱり甲子園に行きたかったと悔いる。敗因をこう分析する。

「遅かったな、という感じです。結局、徳を積まなきゃいけないんですよ」

　徳を積む？　それってどういうこと？

「自分はゴミを拾うんですよ。ボールが落ちていたら拾う。主将になった頃、みんなにも言ったんです。『落ちていたら拾おうよ。気づかないのは三流だから』って。言い続けていたら、最後はやるヤツも出てきた。でも始めるのが遅いよなって、負けた後に思いました」

同じ話を1代前の主将・本間や2023年夏に優勝した時の主将・大村からも聞いた。大村も「野球の神様はいる」と断言した。しかし一見、それらは野球に直結するようにも思えない。金岡は続けた。

「徳を積むというのもあるんですが、自分で気づく力だと思っています。野球では気づくのが一番大事なんです」

甲子園には辿り着けなかった。だが主将として多くの学びを得た。現在、慶大野球部で奮闘する金岡は、悪戦苦闘の日々をこう振り返る。

「ここまで学べたのも、自由だからですよね。組織ってどうやって作るんだろう、どうすればチームが変わるんだろうって、塾高じゃなかったらこんなに学べていないと思います。まかされた中で、試行錯誤できるから学べる。人に言われてやっていたら、絶対に学べないですよ」

慶應高校野球部は自由だ。指導者から強制されることはまずない。しかしそれゆえに難しさもあると、金岡は言う。

「裁量は自分たちにある。選択肢を提示してもらえる。でも、そこからどれを選択すればいいのか、高校生が自分で考えるのは、なかなか難しいとも思うんです。監督が強制しない分、選手が自分たちでやる必要があるんですが、高校生にはちょっと早いんじゃないかな、とも思いました」

2学年下が成し遂げた全国制覇について、笑顔でこう言った。

「森林さんは高1の頃からずっと、『塾高が優勝すれば日本が変わる』と言っていました。『高校野球が変わる』じゃなくて、『日本が変わる』です。まさかそれが起こるなんて、思っていなかった。本当に、日本が変わりましたもんね」

「何で、もっと森林さんと喋らなかったんだろう」——2022年・宮原慶太郎

2021年7月、金岡から主将のバトンを受け取ったのが、宮原慶太郎だ。

東京都江東区亀戸《かめいど》に生まれ育った。小1の終わりに軟式野球を始めると、小4の終わりに硬式の東京北砂《きたすな》リトルに入団した。1979年の創部以来45年の歴史があり、リトルリーグ世界選手権大会に6度出場。4度の世界王者に輝いたリトルリーグの名門である。早稲田実業から日本ハムに進んだ清宮幸太郎が在籍したことでも有名だ。

「高いレベルで挑戦したかったのと、硬式のボールで野球をやってみたかったんです。練習はめちゃめちゃ厳しかった。でも世界大会という目標がすごくキラキラしていて、みんなで励まし合って、何とか耐えて世界大会へということでやっていました」

2017年、中1の夏には「1番・遊撃」として主将を務め、米ペンシルベニア州ウィリアムズポートで行われた世界選手権大会に出場。東京北砂リトルは見事、世界一に輝いた。同点の2点三塁打を放つなど、宮原は攻守の中心選手として躍動した。

「世界大会は本当に楽しくて。決勝だと3万人とか観客が集まるんです。相手はアメリカのチームなので、めちゃくちゃアウェーなんですよ。初回にホームランを打たれて、場内が『USAコール』一色になる。小学生相手にこんなになっちゃうんだという」

野球のバッテリー間は18・44メートル。リトルリーグは14・02メートルである。米国には130キロを投げる投手もいた。18・44メートルに換算すれば、体感速度は160キロを超える。

「それを打つために、大会前にはOBの方々や高校生がグラウンドに来て、思い切り投げたボールを打ち返す練習をするんです。空振りやファウルは罰走で、とにかく当てなきゃならない。気づいたらみんな罰走で、バッターがいないみたいな（笑）。めちゃくちゃしんどかったです」

世界大会から帰国した宮原はその秋、東練馬シニアに入団した。オリックス、楽天で投手としてプレーした徳元敏が監督を務めていた、都内の強豪チームである。指揮官の人柄に憧れ、門を叩いた。

「元々、中学に入るまでは慶應高校って知らなかったんです。一緒に体験会に参加した選手が『高校はどこに行きたいの？』と聞かれて、『早実と慶應です』と言っていて。その時は全然わかっていなかったんですが、自分も頭のいいところに行きたいと思っていたので『僕も同じです』と答えて。乗っかったんです（笑）」

思えば自分の名前の中には「慶」がある。どんなチームなんだろう。中2の夏、一人で横浜スタジアムに出かけた。2018年北神奈川大会の準決勝、慶應高校と東海大相模の一戦を観るためだ。着いたのは試合開始ギリギリだった。バックネット裏の一塁側寄り。熱烈な応援が印象に残った。慶應高校は東海大相模を7－4で撃破し、決勝に駒を進めた。勢いのまま決勝にも勝利して、甲子園行きを決めた。

「強い東海大相模を倒して、慶大で野球ができる。進路はここにしようと。その1試合で決めた感じです」

中2は二塁手、中3は捕手として中学硬式日本一を決める「ジャイアンツカップ」でともに準優勝。2019年のU-15アジアチャレンジマッチ日本代表にも選出された。硬式をプレーする有望な中学選手には、横のネットワークが存在する。慶應高校の推薦入試を受験するメンバーの情報が聞こえてくるたび、宮原の胸は躍った。

「合格したら、あいつらと一緒に野球ができるんだな、このメンバーと戦いたいなって。知っている名前が多かったものですから」

サクラサク。しかし2020年4月、宮原らの姿は日吉台野球場になかった。新型コロナウイルスの感染拡大防止に伴う緊急事態宣言が発令。臨時休校が続いた。

「入部は7月です。翌月に本間さんの代の代替大会が始まって、その応援に行きました。名前は知っていても、一緒に野球をしたことがない先輩たちを応援して」

1年秋から背番号5でベンチ入り。髪型が自由の慶應高校でも、宮原は入学から3年夏の引退まで、丸刈りを貫いた。

「小学1年生からずっと丸刈りでした。高校でも伸ばす理由が見つからなかった。目立つじゃないですか。とにかく『試合に早く出たい』という気持ちだったので、一発でわかるし、いいかなと」

秋から新主将となった上級生の金岡は、チームマネジメントに悪戦苦闘していた。その理由の一つに、１学年下の代への対応の難しさがあったのではと、宮原は言う。

「金岡さんの代も個性が強かったんですが、ウチらもすごいレベルでやってきた選手ばかりだった。プライドも高いし、上に意見も言う。金岡さんには迷惑をかけたと、今になって思うんです。１学年上が『ワーッとやっていこうぜ』という雰囲気なのに、僕らの代は悪い意味でクールというか。金岡さんは『ミーティングでは遠慮なく言ってくれていいよ』と話してくれたので、バチバチやり合ったりしたんですけど、僕らの代が金岡さんたちに寄り添うことができなくて、グラウンドですれ違いを感じてしまうこともあって。うまく嚙み合わなかった感じです」

とはいえ前述した通り、金岡は強いチームを作って勝ちたい、甲子園に行きたいという思いが人一倍ある主将だったはずだ。目的は同じなのに、なぜ学年間ですれ違いが生じてしまったのだろうか。

宮原の見立ては、こうだ。

「各学年の雰囲気の違いですね。塾高は代によって毎年、カラーが全然違います。『去年はこうだったから、今年はその逆をやろう』の繰り返しだと思います」

2年秋の新チーム発足。宮原は主将に就任した。優れた実績を有し、勝利への渇望が強い同期たちは、選手主導で物事を決めていくチーム作りを望んだ。森林はそれを否定しなかった。

秋の神奈川大会は3回戦で桐光学園と対戦し、8回コールドの6－13で敗れた。長い冬を経て、春の神奈川大会は3回戦で桐蔭学園に4－5で競り負けた。負けず嫌いな代だった。逆転され、追いつけなかった桐蔭学園戦について、2日間にわたって敗因分析のミーティングを行った。

宮原は言う。

「スコアを見ながら、初回からプレーを一つひとつ、全部振り返るんです。森林さんにも采配や継投の意図を質問しました。桐蔭とは夏にも当たるだろうし、僕たちの考えと森林さんの采配の意図を全部すりあわせたかった。打撃、守備、走塁、チーム作りと、どういう課題を持ってどんなチームにしていくのか、全学年で話し合って。その後に僕ら3年生だけで集まって、みんなでがんばろうよって」

本音と本音のぶつかり合い。宮原は熱くなって涙を流すこともあった。夏に向けて方向性が固まってきた。

俺たちでやろう。俺たちで強くしよう――。

宮原が唇を嚙んだ。

「僕たち選手が、監督や学生コーチを含めて、全員でやっていこうとなれなかったんです。学生コーチがおもしろおかしく言ってくれるのは『今までで一番面倒くさい代だったよ』って。森林さんにも学生コーチにも、気を遣わせてしまったと思います。プライドが高くて。自分たちで全部やります、自分たちで強くなります、という感じでしたから。試合中の円陣って普通、監督のところに集まるじゃないですか。それも無くしちゃって。試合の最初と、中盤の５回は森林さんに喋ってもらうんですが、それ以外は全部自分たちだけでやっていました」

宮原の中に逡巡がなかったわけでない。

「夏の大会の前、やっぱり森林さんを信じなきゃと思って、それをみんなに語りかけたこともあったんです。でも、多分、今からでは遅いし、全員が納得しきるのは難しいなと思って、最後まで自分たちでやり切ってみようと。１年生から３年生、全員で一つの代になるために、全員を引き込んで、俺たちで戦おうって」

最後の夏。大会前の練習試合では好調だった。その夏の甲子園で東北地方に初の大旗をもたらすことになる仙台育英にも勝利した。神奈川大会4回戦では春に敗れた桐蔭学園を7－5で下した。あの2日間に及んだ激論ミーティングは、無駄ではなかった。

「これ、行けるんじゃないかって。桐蔭にもしっかり勝てましたし。そしたら……」

横浜スタジアムで行われた準々決勝。慶應高校は東海大相模に0－9で敗れた。宮原が中2だった4年前のあの夏、一人で観戦に訪れ、慶應高校への憧れを抱いた灼熱のハマスタ。奇しくも相手は同じ東海大相模だった。

相手の校歌を聴き、応援席への挨拶を終えてベンチに戻ると、宮原は人目もはばからずに泣いた。

「ごめんなって。これだけすごい仲間がいたのに、勝たせられなかった。敗因は俺だなって。みんなは別に『自分たちでやる』でいい。でも、俺だけでも森林さんとつながっていれば良かった。何で、もっと森林さんと喋らなかったんだろう。何で『どう思いますか』と聞けなかったんだろう。何で『僕はこう思います』で終わっちゃったんだろう、と。森林さんの考えが、森林さんの要素がチームに入っている状態を作れたら良かったって。正解に近いものを知っていたり、僕らの代を客観的に見られているのは、やっぱり大人だったと思うから……」

なぜ宮原らの代は、森林と一体になれなかったのか。

「プライドと、あとは自分たちで出した結論だからと思っていました。俺たちの代なんだから、俺たちしか、結論は持っていないと」

高校野球の世界において、監督と選手の間に距離が生じることは、それほど珍しいことではない。名将と呼ばれるカリスマ指導者の中にはそんな時、荒療治を施す人もいる。ナインのプライドを損ねることなく、上手に策を打つこともできたはずだ。だが、森林はしなかった。彼らの自主性や主体性を最後まで尊重した。

それについて、宮原は言った。

「森林さんは、最後まで僕たちに考えさせてくれたんだと思います。塾高で上意下達の方針でやったら、逆に弱くなる気がします。部員が超ヘンな人たちばっかりなので。頭も回るし、口は立つし、プライドも高い。理想もある。推薦、一般、内部といろんな野球をしてきた人がいる。だから森林さんが何か強く意見を言ったとしても、考え方や感じ方がそれぞれ違うんです。チームが一つにまとまった後で森林さんが何か言うなら、全体が引き上がるのかもしれませんが……。全員に一気に、同じように芯に当たる伝え方は難しいと思います」

あの敗戦から1年半が経つ。宮原は慶大野球部で白球を追う。1年秋の東京六大学野球秋季フレッシュトーナメント（新人戦）ではタイムリーヒットを放つなど、優勝に貢献した。

だが今も、あの夏の悔しさは想い出に変わっていない。インタビュー中、言葉の端々からは、癒えない傷がうかがえた。

それでも、進路に慶應高校を選んで良かったですか。

そんな問いに宮原の表情が少しだけ、柔らかくなった。

「負けた時に、自然と『ごめんね』と思える仲間に出会えましたから。『この人たちを勝たせたい』と思って最後まで戦えたことが大きいです。これだけ考えさせてもらえたし、自分たちでチームを作らせてもらえた。塾高で良かったと思います。でも、キャプテンに選んでもらったのに、勝たせられなかった。だから大学では絶対日本一にならなきゃなって。塾高でベンチに入れなかったのに、一緒に戦ってくれた人たちのためにも、もうあんな思いはしちゃいけない」

インタビューの最後を、こう結んだ。

「あの負けからずっと『ごめん』と思っていました。キャプテンを務めた1年は、自分の人生ですごく大きかった。少しは成長できたかなって」

学校は失敗させてあげる場所

森林はあの夏、宮原らの代をどう見ていたのか。

「俺たちがやりますよ、黙って見ていて下さいというのは、頼もしいと言えば頼もしかったです。そういうのは、僕が求めていたことでもあったから。すごくいいことだなと思っていたけれど、振り返ってみると、まかせすぎた。まかせながら伴走して、何を考えているのか、何をやろうとしているのかが見えているぐらいにできればよかった。この8年間で、『もっと上手くやれたんじゃないか』と一番後悔している代でもあります。野手の能力が、すごく高い代だったので。結果がどうこうではなく、夏に向けて力を発揮するという意味で、です。だから宮原が言いたいことは、僕もよくわかります」

そして、こう続けた。

「宮原に限らず、高2の夏にキャプテンに指名されて、そこからの1年間はほぼ後悔で終わるかもしれない。でもそういう反省や失敗を経験にして、社会人になって晴らしてくれればいい。それを活かす場は絶対にあるわけですから。高校野球を人生のピークと考えてしまうと、全部そこに照準を合わせて最高のものを——となるけれど、人生は長い。ピークはその先ですから」

慶應高校のような個性の強い集団を一つにするためにもがき、苦しんだ経験は将来マネジメントを行う際に、自らを助けてくれるだろう。

「だから毎年、まとまり具合がばらけてしまうのも、想定内です。監督のおかげでまとまったとか、監督の言った通りにやったら打てましたとかいう経験って、させてもほとんど意味がないと思っています。『自分たちでやったけど、うまくいかなかった』の方が、意味がある。学校というのはやっぱり、失敗させてあげる場なので」

森林は言葉に力を込めた。

「堂々と挑戦して、堂々と失敗して、『でも、よくがんばったじゃん。いい経験をしたね』という場なんです。社会に出て『失敗してもいいよ』とは、なかなか言ってもらえない。堂々と失敗できるのは、この育成世代の特権。学校の特権です。それをやらないで、大人が引っ張り上げて中途半端な成功に導いたところで、何の意味があるのかと。集まってくれた部員たちと、結果はどうなるかわからないけれど、一緒にがんばりたい。一緒に作り上げたい」

「チーム一丸」はなぜ強いのか

4人の歴代キャプテンをインタビューして、共通項があった。全員が「チーム一丸」となることに情熱を燃やしてきた。

ここまで述べてきたとおり、慶應高校は推薦入試組、一般入試組、内部進学組と異なるバックボーンを持った選手が集う。それぞれ入部の動機は違う。過去の主将はそんな個性的な若者たちを一つにまとめるべく、試行錯誤してきた。

野球の実力的に、メジャーはどうしても推薦入試組が多くなる。しかしマイナーの選手も巻き込んで一体感が醸成された時、その強さは加速していく。2023年夏、優勝した大村の代が、まさにそうだった。

2023年まで学生コーチを4年間務めた杉岡壮将は言う。

「優勝した大村の代は、それぞれがお互いのためにがんばろうというムードがありました。メジャーの選手は試合に出ている以上、ちゃんとした態度とプレーを見せる。マイナーの選手は、あいつらのためだったらサポートしてやろうという部分がすごく見られた。あの代のチームが強かった理由の一つだと思います」

なぜ「チーム一丸」になると強くなるのか。

慶大2年次の全日本大学野球選手権と4年次の明治神宮大会、二度の日本一を経験した善波の言葉には実感がこもっていた。

「高校、大学とやってきて、チームが一つになったのを一番実感したのは、大学2年の福井（章吾）主将の代と、僕が4年の秋のシーズンでした。4年の秋にベンチ入りしていると、『みんなが応援してくれている』とすごく感じたんです。ベンチ外のメンバーやスタッフがチームのために役割を果たしてくれて、スタンドからもすごく声を出して応援してくれた。そういうものが感じられた学年は強いなとすごく感じました」

そして、「チーム一丸」が選手に与える力をこう説明した。

「モチベーションが全然違いました。僕は基本的に代打で途中出場でしたが、何とかしてこのチームで勝ちたい。勝つことが、サポートしてくれている人たちに、唯一、報いる方法だと。チーム全員が同じ方向に向かっていると、グラウンドで戦う選手のモチベーションが上がって、その結果、実力以上の力が出るんじゃないかなって、すごく感じました」

4人の歴代主将はそれぞれ、チームを甲子園に導くことができなかった。

激戦区・神奈川を制して聖地に行くことが「成功」、それを逃すことが「失敗」とするならば、彼らの日々は「失敗の歴史」となるのかもしれない。

だが思う。慶應高校は「まかされる」組織だ。彼らは主体的に目指すべき道を描き、理想と現実のギャップに苦しみ、悪戦苦闘していく。「まかされる」ゆえに、監督のせいにはできないシステムになっている。4人のキャプテンは全ての結果を自らの責任と受け止め、今を生きている。様々な経験を成長への糧として、未来に生かそうとするその姿を見るたび、彼らは決して失敗者ではないと断言できる。

そして——。優れた選手が集いながらも聖地に届かなかった過去2代から学んだ後輩に、バトンは託される。大村昊澄を主将とするそのチームは、「弱い代」とされていた。

第8章　「化学反応」で甲子園制覇

「点が取れない」新チーム

２０２２年7月24日。慶應高校の新チームが発足した。恒例となる3年生、２年生の投票で主将に選出されたのは大村昊澄だった。

前日に行われた夏の神奈川大会準々決勝で東海大相模に０－９で負けはしたものの、宮原慶太郎がキャプテンを務める3年生の代は特に野手陣にタレントが揃い、大村の代でスタメン入りしていたのはショートの職人・八木陽だけであった。

船出から間もない8月。大村の代のマネジャー・大鳥遥貴《おおとりはるき》はナインが練習中、グラウンドに隣接する管理棟のマネジャー室で部費の管理など事務作業を行っていた。マネジャー室には学生コーチも出入りしており、自然とコーチ同士の会話が聞こえてきた。打撃指導を終えたコーチが、こうつぶやいたことを覚えている。

「このチームで、どうやって点を取ればいいいんだ……」

偽らざる本音に聞こえたと、大鳥は言う。

「本当に打撃力がない。自分たちの代は弱いって、みんなわかっていました。『どうすれば勝てるんだろうね』と」

ならば謙虚に、チーム一丸で勝つしかない。個人技よりチームプレー。泥臭く、細かくやる。バントに盗塁、進塁打。打席を終えた選手は、次の打者へ投手に関する情報共有をしっかり行うようにした。学生コーチは容赦なく、ナインにこう伝えた。

「お前らは点取れねえんだから。何でもやるぞ！」

効果はあった。秋季神奈川大会。慶應高校は予選も含めて準決勝までの8試合、全て7得点以上を記録した。決勝では宿敵・横浜に3点リードから3－6で逆転負けしたが、準優勝を勝ち取り、秋季関東大会に5年ぶりの出場を決めた。

関東の強豪を相手に、チーム大村は一戦一戦、強くなっていった。1回戦の常磐大高に5－3で初戦突破。準々決勝の昌平を7－3で撃破し、4強進出。準決勝では専大松戸に延長10回、3－5で負けはしたが、翌春のセンバツ大会への出場権を内定させた。

「点が取れない」新チームがなぜ、快進撃を見せたのか。

上手い先輩の敗戦に学ぶ

前の章で触れた通り、慶應高校野球部は代が替わると、一気にカラーが変わる。「去年はこうだったから、今年はその逆をやろう」の繰り返しである。選手主導で物事を決めていった上の代に対して、大村たちの代は意識的に森林との融合を試みた。

選手として3年間、学生コーチとして4年間。慶應高校野球部の中にいた杉岡壮将は言う。

「僕の知っているこの7年間の中で一番、森林さんと選手の距離が近かった代だと思います。その上の宮原たちの代は本当に、普通にやれば勝てる実力がありました。でも森林さんとは距離があった。それを大村たちは見て、感じていたと思うんです」

森林を心底慕う大村が主将に就任したことも、監督と一蓮托生となるチーム作りの決め手になった。

大村は言う。

「一つ上の代は上手い先輩がいっぱいいるのに、何で勝てなかったんだろうとすごく考えていました。新チームになったらキャプテンになりたい、自分がこのチームを引っ張っていきたいと思っていました。監督、学生コーチ、選手全員を含めて、一つのチームにすることが最重要課題だと。選手と森林さんをつなげるのは、選手の中のトップである自分だと思っていたので。その架け橋的な存在になれたらと、最初に感じました」

主将就任時のミーティングで、大村はナインに呼びかけた。

「森林さんは高校野球の常識を変えたいと話している。俺たちで、実現させてあげよう。森林さんが日本一の監督になれば、高校野球の常識は変わる。俺たちで高校野球に革命を起こそう」

指導者も、学生コーチも、上下の代にかかわらずチームメートの誰もが人間性を讃える大村昊澄とは、どんな若者なのか。

日本一のキャプテン

大村は2005年7月28日、名古屋市に生まれた。小学生の頃から巨人ファンの父・和正の影響でG党になった。外野手の亀井善行《よしゆき》がヒーローだった。

「記録よりも記憶に残る選手ですよね。『お前もこういう選手になれ』って父に言われていました。ホームランを打つとか三振を取るのもかっこいいですけど、自分は一塁に全力疾走するとか、ネクストで必死に素振りするとか、カバーリングを一生懸命やる選手に魅力を感じていました。ガムシャラにがんばる選手、それが亀井さんでした。誕生日も一緒でしたし」

慶應に憧れるきっかけとなった一戦がある。2017年夏の甲子園1回戦、大阪桐蔭・米子松蔭戦だった。小6の大村は客席から大阪桐蔭の2番打者に目を奪われた。身長168センチと小柄な主将・福井章吾は初回、先制の右越えソロを放った。

「大阪桐蔭という強いチームを、何でこんなに体の小さい選手がキャプテンとして引っ張っているんだろう。しかもホームランを打つ。かっこよすぎって。いろいろ調べたら、慶大に進学すると。自分も背が小さかったので、こんな選手になりたいって」

中学は愛知港《みなと》ボーイズでプレー。ミート力に定評のある好打者は愛知県中央選抜にも抜擢され、「3番・二塁」をまかされた。愛知港ボーイズで指導を受けたコーチの息子が慶大野球部にいた。彼は帰省するたび、グラウンドを訪れて教えてくれた。また、慶大で学生コーチを務めた泉名翔太郎《せんみょうしょうたろう》が愛知で就職することになり、チームのコーチ陣に加わった。二人から話を聞くたび、大村は慶應高校への思いを強くした。森林の著書『Thinking Baseball』も読み込んだ。中学の内申点は満点45点中、43。推薦入試に合格した。

１年の秋から背番号24でベンチ入り。身長１６３センチの小柄な内野手にスタメン出場は遠かった。それでも大村には夢があった。福井さんだって大阪桐蔭でキャプテンになった。俺もなるんだ。

常に一生懸命な姿を誰もが見ていた。主将の重責を託された。

就任時、森林に言われた。

「ベンチキャプテンの可能性もあるから、覚悟してくれ」

大村が回想する。

「『がんばってほしいし、スタメンで出てほしいけど、キャプテンだから使うことは一切ないよ』という話でした。『ベンチキャプテンだから遠慮するようなことは、大村はないと俺は思っているから』と。信頼してくれているんだ、期待して下さっているんだと思って、絶対にスタメンで出よう、練習をがんばろうと思いましたね」

最初の選手ミーティングでこんな目標を掲げた。

「応援されるチームになりたい」

その真意をこう語った。

「試合に出る選手が、出ない選手に応援されるチームになることが、一番大事だなと思っていたんです。心の底からメガホンを叩いて声を出して応援したいチームが、一番いいチームだと。だから技術力以外の部分を大事にしようと話しました。グラウンド内では走ろう。整理整頓をしっかりやろう。返事をちゃんとしよう。誰でも当たり前にできることを、当たり前にやろう。技術はその後だよね、って。技術はどんなに追求しても限界がある。人によってできる、できないもある。でも、意識を高く持つだけで変えられるところはある。それを全力でやり切ろう。そこは自分も厳しく行くからね、と」

一生懸命な姿は必ずどこかで誰かが見ている。ベンチ入りできず、スタンドで応援する後輩たちもそんな先輩には、大きな声援を送ってくれるはずだ。大村は、何度も持論を説いた。

新チーム発足後間もない8月中旬、森林が新型コロナに感染。チームを離れた。下旬に行われた秋の県大会の横浜地区予選の初戦には間に合い、指揮を執った。その間、大村は事実上の監督としてチームをまとめた。

ナインには繰り返し、こんな話をした。

「目の前の一瞬に集中しよう。試合に勝てるかな、このままだと負けちゃうかなとか、つい先のことを考えてしまうけど、未来を変えるのは今しかない。今の一球、今の一瞬、その一個一個に集中しよう。その積み重ねが結果になるんだ」

復帰した森林からは初戦後、大村にこんな話があった。

「いい方向に進んでいるよ」

自らの取り組みは間違っていないと自信が持てた。森林と同じ方向を向けていると確信した。秋季関東大会の準決勝に敗れた後、下宿先に帰った大村は黒い油性ペンで帽子のつばに「日本一の主将」と書いた。翌春センバツで日本一になる。そんな決意を形に表した。

翌2023年1月27日、センバツ出場校が決まると、記者会見では壇上からこう宣言した。

「日本一になるのが大目標ですが、高校野球の常識を変えたいと思っています。そのための第一歩を甲子園で表現したい」

次にマイクを握った森林は笑みを浮かべながら、こう言った。

「言おうと思っていたことは、全て大村が話してくれました」

打倒・仙台育英が練習の基準

キャプテンの野望はセンバツ初戦で潰えた。初戦の相手は前年夏の甲子園優勝校・仙台育英。チームは延長10回タイブレークの末、1－2で敗れた。

大村が春の蹉跌を振り返った。

「すごく悔しかった。日本一になるために乗り込んで、あれだけ大きいことを言って、正直不安もあったんです。確信があったから言ったわけじゃなくて、言わなきゃ成し遂げられないと考えていたので。一番大きい目標をメディアにもチームのみんなにも言って、逃げ道を作らない状態で甲子園に進もうと。仙台育英に初戦で負けて、自分が情けなかったり、自分を責めたりもしました」

1点差。惜敗である。しかしナインは「完敗だった」「惨敗だった」と口を揃える。

大村も同意見だ。

「点差以上に大きいものを感じました。経験値の違いとか。自分たちはいっぱいいっぱいなのに、向こうには余裕を感じた。自分たちが二塁に走者を進めて、相手にミスも出ているのに、育英さんは焦らない。メンタル強いなって。『いい表情をしてやろう』と僕たちも言ってきたけど、余裕がなかった。まだまだ練習が足りない。あの舞台で楽しめるぐらいに自分たちを追い込んで、考えて練習して、全部やり切った状態でないと本当の意味でのエンジョイ・ベースボールは成し得ないなと、試合中に気づきました」

課題は明確になった。仙台育英レベルの投手を打ち、打者を抑えられないと、日本一にはなれない。その後の練習の基準になった。

「例えばそれまでは置きティー（バッティング）の練習でも、ただ打っていた。でもセンバツ後は『速い球を打つにはスイングの軌道を短くしなきゃいけない』『甘い変化球を一発で捉えなきゃいけない』と、常に仙台育英を意識して内容を高めていったんです」

それでも時の経過とともに嫌な記憶は薄れ、楽な方向に流れるのは人間の常だ。ましてや高校生である。大村はその都度、口にした。

「仙台育英に勝つんだ。そのための練習をするんだ」

春季神奈川大会が開幕した。森林はセンバツとは大きく守備位置、打順を変えたオーダーで臨んだ。試合後、その意図をこう説明した。

「『競争と変化』が成長につながる。成長しないと夏はない。このまま調子を整えれば何とかなるというのはない、と示す上でも、ポジションや打順を変えているということです」

大村は打撃不振に陥り、スタメン出場を逃した。ベンチキャプテンに甘んじた。落ち込んだが、仲間の前では気丈に振る舞った。率先して仙台育英の投手陣を意識した練習に取り組み、ナインを引っ張った。

「自分は見られる立場。自分が頭を使って練習しているのを見てもらえば、自ずと空気は良くなる。自分が誰よりもがんばる。『大村がやっていたら、やるしかないな』と思ってもらえるように、です」

夏の神奈川大会。チーム大村は激戦区を勝ち上がった。

横浜との決勝では2点ビハインドの9回表1死二、三塁、3番・渡邉千之亮がプロ注目左腕・杉山遙希のチェンジアップを捉え、左越えに3ランを放ち、逆転に成功した。神懸かっていた。

再び乗り込んだ甲子園。初戦となる北陸戦の前日だった。

夏の甲子園大会中、出場校は大会本部が割り当てたグラウンドで2時間、練習を行うと決まっている。その日のグラウンドは足場が悪く、打球がイレギュラーすることで知られていた。慶應高校はセンバツの時もそこで練習しており、ナインの間では不評だった。

「みんな乗り気じゃない感じで練習に入ったんです。内外連係で、『どうせエラーするやん。しゃあない』みたいな。そういう負の感情って、集団内に一瞬で伝染するんです。内野がまずそんな感じで、外野もテンションが下がって、ミスが続く。声も出なくなる。雰囲気が重くなってきたんです」

守備練習後、大村はナインを集めた。

「暑いし、グラウンドも悪いから、うまくいかないかもしれない。でも、それを言い訳に一生懸命やらないのは違う。今、メンバーだけが先に甲子園入りして、こういう練習して、試合に行って負けました、でメンバー外が納得してくれるのか。最初に『応援されるチームになろう』と言ったと思う。今の俺たちは応援されるチームじゃない。こんな練習やって、試合で負けたら一生後悔する。ベンチに入れなかった人の分まで、俺たちはやらなきゃいけない」

言葉は仲間たちの心を打った。明らかにスイッチが入った。

大村はプレーでも奮闘した。準決勝の土浦日大戦。1－0で迎えた6回1死三塁のチャンスだ。カウント1－1からスクイズを狙うが、惜しくもファウル。3球連続のファウルで粘った後、8球目の高めチェンジアップをライト前に運んだ。貴重な追加点。一塁上で右手を突き出し、吠えた。

決勝が仙台育英とのリベンジマッチに決まると、会見で言った。

「何かドラマが待っているような、漫画みたいなシナリオです。野球の神様が自分たちに与えてくれた最高の舞台だと思います」

〝最高の舞台〟に勝利し、107年ぶりの全国制覇。

お立ち台に上がった大村は、万感の思いで言った。本書の冒頭で触れた、あの言葉だ。

「ずっと、『日本一』とか『高校野球の常識を変えたい』とか、散々大きなこと言ってきて、笑われることも、いろいろ言われることもあったんですけど、それに耐えて、そういう人を見返して、『自分たちが絶対日本一になってやるんだ』っていう強い思いで今までがんばってきたので、その辛い思いとかが全部、報われたなっていう瞬間でした」

「そういう人を見返して」というフレーズが、胸に刺さった。

熱い夏を思い返して、大村は語った。

「自分の話したことがネット記事になると、コメント欄とかも結構、見ていたんです。

マイナスなことを書かれても、それを力に変えよう、と。あとは取材のたびに『日本一になる』『常識を変える』と、いつも同じ話しかしなかったじゃないですか。それにはメディアの方もちょっと飽きているなというのは感じていて。でも毎回、絶対に言おうと決めていました。世間の『どうせ無理やろ』『お前らは勉強しとけよ』みたいな感じを見返してやろう、と」

決勝翌日、新大阪の宿舎で行われた一夜明け会見。全国の高校野球選手で一番長い夏を過ごした大村は、今一番やりたいことを聞かれ、「ディズニーランドに行って、『美女と野獣』に乗りたいです」と笑った。

主将の重圧から解放されたその表情が、やけにあどけなかった。

父が活躍した甲子園

大村に優勝した代のキーパーソンを挙げてもらった。

「いやあ、みんな……」。数秒、考えた後、こう答えた。

「僕は勝児かな」

清原勝児。その父は言わずと知れた清原和博だ。

大村は続けた。

「勝児がいたから、メディアにも注目されて、その注目を自分たちは力に変えてきました。いろいろ取材していただけたから、自分は『日本一になります』『高校野球の常識を変えます』と言い続けて、逃げられない状況を作ったんです。注目されるきっかけは勝児だったので、それが大きかったと思います」

勝児はこの1年をどう総括しているのか。

インタビューは校舎内の一室で行われた。ユニホームを着ていた頃より、柔和な表情の18歳が目前にはいた。

勝児は二人兄弟の次男だ。慶大野球部に在籍する3歳上の長男・正吾とともに慶應幼稚舎で学んだ。慶應幼稚舎にクラス替えはない。正吾は6年間、森林が担任を務めるクラスで学んだ。

「当時の森林さんは『兄の担任』というイメージです。自分は幼稚舎の野球部に入っていたので、何度か森林さんが教えてくれたことがありました」

小1から軟式チームのオール麻布で野球を始め、小6では読売巨人軍が主催する軟式少年野球大会「ジャビットカップ」で準優勝。父も魂を燃やした東京ドームで「3番・

投手」として躍動した。有望小学生選手が覇を競う「ＮＰＢ12球団ジュニアトーナメント」でもジャイアンツジュニアの一員として出場。慶應普通部では中学硬式野球の名門・世田谷西シニアでプレーした。

小、中と慶應で学んだ勝児だったが、当時の希望進路は慶應高校一本ではなかったと明かした。

「横浜高校とか智辯和歌山とか、いろんな選択肢がありました。慶應に行くか、外に出て違う高校に行くか、考えて。そこで『Thinking Baseball』とか、慶應には普通の高校野球とはちょっと違った面があって、そこに入りたいと。激戦区だからこそ勝ちたいという気持ちがあって、最終的には慶應に決めました」

慶應を離れる可能性があったとは……驚きである。

「本当に最後の最後まで悩みました。甲子園に行きたいという気持ちが強かったですから。地方に行くことも考えましたし。福井（直睦）とは幼稚舎から一緒で絆も強くて。昔からの仲間と甲子園に行って勝ちたいという気持ちもあったので、慶應に残りました」

慶應普通部の生徒が進路に悩む例は、ほぼない。だが勝児は慶應のレールから外れたとしても、甲子園に行きやすい高校はどこなのか、模索した。かつて朝日放送のアナウンサーが「甲子園は清原のためにあるのか」と実況したほどの聖地。甲子園への思い、父への憧れがいかに強かったのかがわかるエピソードである。

慶應高校野球部に進んだ勝児は1年次、苦難の時を過ごす。夏と秋の公式戦でベンチ入りは果たせなかった。さらに年度末にはショッキングな出来事があった。まさかの留年である。慶應高校は卒業生のほとんどが慶大に進学できる一方で、学業面において厳格であり、留年者が出る。進級時に部活動での実績が考慮されることもない。

「当時はすごく落ち込んで。練習も1日休みました。ネガティブな感情のままではチームに迷惑をかけるし、何も変わらないなと思ったので。一回リフレッシュしたいと思ってランニングを」

多摩川の土手を走った。目指すは中学時代、猛練習に明け暮れた自らの原点、世田谷西シニアのグラウンドだった。

「自分の一番の土台だったので、そこに立ち返ろうと。いつもランニングしていたこととか、いろんなことを思い出して。ここから再スタートだなと思って帰りました」

慶應高校野球部同期のＬＩＮＥグループにメッセージを送った。

「留年しました」

翌日、日吉台野球場にはいつも通りの明るい表情で白球を追う勝児がいた。

「そこからはいつも通りに振る舞うことを意識しました。この1年で、何か一つでも成長して、あの1年があったから自分の人生が良くなったと言える時間を過ごしたいなと思っています」

流れを変えた「代打・清原」

チーム大村が発足し、勝児にとって2度目の1年生となる2022年秋、その打棒は開花する。秋季神奈川県大会3回戦の上矢部《かみやべ》戦では6回2死満塁、左翼ポール際に公式戦第1号となるグランドスラムを放った。渾身のガッツポーズと笑顔でダイヤモンドを駆けた。

2023年のセンバツ初戦・仙台育英戦では「5番・三塁」でスタメン出場。2回先頭、甲子園初打席で左前安打を放ち、聖地を沸かせた。延長10回タイブレークでは2死満塁で空振り三振。その裏にチームは失点し、最後の打者になった。5打数1安打だった。

夏に向けて、森林はナインにさらなる競争を求めた。春季神奈川県大会。勝児の背番号はセンバツの「5」から「15」に変わった。ベンチスタートの機会が多くなった。

あの時の率直な心境はどうだったのか。

「キツかったんですけど、いい試練だと。成長できる機会だと思っていました。センバツにかけて自分がピークを迎えていて、そこから少し落ちたところで、春の大会が重なって。センバツに懸けていた分、モチベーションをどこに向ければいいのかも正直わからなくなって。それが結果として出てしまいました」

そのぐらい春の甲子園って、素敵な場所でしたか。

そんな問いに、よどみなくこう答えた。

「本当に夢の舞台で、最高でした。間違いなく人生の一つの分岐点となったので」

勝児はベンチスタートになっても、腐ることなくチームのために動いた。

試合中は大声でナインを鼓舞し続け、サポート役を務めながら、出番に備えた。攻撃中にはベンチ前で投手のキャッチボール役を務め、「生きた球を見て準備しているんです」と言った。試合展開を見ながら、ベンチで革手袋を装着し、森林の視界に入った。「僕を使って下さい」とのアピールにも見えた。

ベンチ入りしていたマネジャーの大鳥は証言する。

「高校野球を引退してから、他校の人たちと話していて一番違うなと思うのは、塾高の控え選手の準備の仕方です。普通の高校だと監督から『お前、次行くぞ』と言われて、そこから準備を始めると思うんです。でも自分たちのチームは、回の状況や打順の巡りを見ながら、監督に言われる前に準備を始める。主体性、自主性が本当にあると思います。森林さんもやっぱり、準備している選手を出したいと思うでしょうから」

そして夏の甲子園で「代打・清原」が強烈なエネルギーをもたらした。

準々決勝の沖縄尚学戦。好投手・東恩納《ひがしおんな》蒼《あおい》を相手に慶應高校は5回まで3安打無得点、7三振と苦しんでいた。

この大会から導入された「クーリングタイム」直後の6回先頭。「代打、清原君」がコールされると、地鳴りのような歓声が響いた。フルカウントから投ゴロに倒れたが、打線はそこから打者一巡の猛攻。一挙6点で逆転勝ちした。

秘策が的中した森林監督は試合後、胸を張った。

「彼の期待感は空気を変える役割がある。『代打・清原』でグワッとなる感じは前回に経験していたので」

勝児は甲子園に代打で登場した瞬間の心境を、こう振り返った。

「歓声は、すごく聞こえています。甲子園って、音が反響する。代打の準備をしている時、観客の顔も見えるんです。自分のルーティンで、球場全体を見渡すというのがあるので。『大勢の方に観ていただいているな』『楽しみにしてくれているな』というのが見えて、すごく力になりました。歓声を聞くと、体の中から力が湧き出てくる。緊張はなくて、本当に本当に楽しいという」

決勝の仙台育英戦も含めて、夏の甲子園では3試合に登場し、3打数無安打1四球。快音こそ響かせることはできなかったが、「代打・清原」には特別な価値があった。大会中、正捕手・渡辺憩はこんなコメントをした。

「チームメートも勝児の打席を楽しみにしています。人がいいので」

入学時から勝児の奮闘を見てきた学生コーチの杉岡壮将も、賛辞を口にした。

「誰よりもプレッシャーに強いんじゃないですかね。あれだけ重圧を背負って、言い方は悪いですけど余計な注目がある中で。あいつが多分、一番苦しい3年間だったと思うので。それを最後は笑顔で『自分はチームの悪い空気を変えるために、試合に出るんです。僕の仕事はこれなので』って割り切れていましたから。一番苦しい立場なのに、それを絶対表に見せない強さがある。一番強い人間だと思いますよ」

全国制覇の後、ベンチの奥で一人泣いている勝児の肩へと手を添える人がいた。森林だった。「よくがんばった。お疲れ様」。言葉にならない様々な想いで、胸がいっぱいになった。涙が止まらなかった。

勝児は穏やかな表情で、最後にこう結んだ。

「いろんなことがあった3年間でしたが、これで良かったなって。自分は『清原』という名前で、いいことも悪いこともあるので、そこは受け入れて。そんな中、このメンバーが本当に支えになったんです。本当にみんな、変な感じもなく接してくれる。すごく感謝しています。今後も自分らしく、生きていきたいなと思います」

影のMVP「森林賢人」

2023年夏。日本一になる上で大きかった要素は、何ですか。

そんな問いに丸田湊斗は「メディアには、あんまり出てないんですけど」と前置きした上で、こう続けた。

「森林賢人《けんと》ですね。キャプテンの大村がずっと言ってきたんですけど、チームって監督と選手が一体化というか、同じ方向を見ていかないと、強くならない。監督の息子がいることによって、森林さんへの親近感が湧いて、接しやすくなって、衝突も少なかったと思うんです」

　長男の賢人にとって幼少期、父・貴彦との思い出は、山登りだ。小1の頃から一緒に高尾山などを歩いた。ベイスターズファンの賢人に父は様々な野球の話をしてくれた。慶應幼稚舎教諭だった父はその頃、慶應高校野球部OB会「日吉倶楽部」の技術委員という立場から、助監督になった。

「家にいる機会がちょっと少ないなと思っていました。朝6時ぐらいに家を出て、帰りも10時とか11時で。具体的に何をしているかは、よくわからなくて（笑）。休みの日はたまに外へ出かけたり、遊んでくれるみたいな」

　サッカーに熱中していた賢人は、小4から野球を始めた。父が監督になったのもその頃だ。球場へ慶應高校の応援に行く機会も増えた。

「2016年の夏に、ハマスタの神奈川大会決勝で横浜と対戦したんです。相手は藤平さんで。生で見ていて、負けちゃったんですけど、最後の方に点を取ったりして。応援もすごくて、塾高でやりたいなという気持ちが強くなってきました」

その年は父にとって初めての夏の大会の采配だった。秋にドラフト1位で楽天入りする最速152キロの剛腕・藤平尚真から7回、3点を挙げてマウンドから降ろした。3－9で敗れたが、見せ場は作った。

賢人には明確な目標ができた。僕も慶應高校で野球がやりたい。パパと同じく中学から慶應に入るんだ。慶應普通部を第一志望に猛勉強が始まった。

見事に合格。慶應普通部では野球部。軟式でプレーした。2、3年次には清原勝児と同じクラスになり、仲良くなった。

優しい父。だが中学時代、カミナリが落ちたこともある。学校からの大事な配布物があったが、賢人は紛失してしまった。

「それを人のせいにしちゃったんです。結果的に自分のせいだとバレて。そしたら強く怒られて。『人に迷惑をかけることは絶対ダメだ』と教えてもらいました」

中3の時、あらためて父に言った。「塾高野球部に入りたい」

「他人に比べて厳しくなるかもしれない。覚悟を決めて来いよ」

投手として入部。推薦入試組のパワーに圧倒された。「レベルが違うなって。（延末）藍太のバッティングがすごくて。最初は憧れみたいな感じでした」。〝監督の息子〟としてのやりにくさは感じなかった。周囲が分け隔てなく接してくれたことがうれしかった。2年の5月から外野手に転向。新チーム発足後は打撃好調でメジャーに入ったこともあったが、2023年センバツのベンチ入りはならなかった。

するると、賢人の知らないところで学生コーチの総意として、ある提案がなされた。開会式で「慶應義塾」のプラカードを賢人に持ってもらうのはどうだろうか。人間性も素晴らしいムードメーカー。反対する人はいないはずだ。

反対者が一人、いた。父だった。「さすがに、それはできない」と断った。「監督の息子だから」という要素はゼロでの提案だったが、世間には特別扱いしていると見る人もいるかもしれない。指揮官なりのけじめだった。

あるチームスタッフは部内における森林父子を、こう表現した。

「息子がいるって、全然わからないんですよ。賢人が本当に部員の一人なんです。普通ひいきしたり、逆にやたら厳しくしたりしちゃうじゃないですか。それが全くない。本当にフラット。それがすごい」

最後の夏を目前に控えた6月1日。夏のメンバー選考に向けた「30人切り」が発表された。ここで漏れた3年生は現役を退き、森林と1対1で面談後、スタッフとしてチームを支える。賢人の名は、呼ばれなかった。監督と面談後、１年生の指導に加わることになった。

帰宅すると父から一言、ねぎらわれた。

「お疲れさん」

短い言葉だったが、胸が熱くなった。

アルプス席に響いた「森林が足りない」

それから数日後。相模原球場でベンチ外の３年生の〝引退試合〟が行われた。相手は早稲田実業。毎年の恒例行事だ。

監督の誕生日は６月７日。学生コーチの誕生日も近かった。

「最後の写真撮影の時に、森林さんの顔面にパイ投げしよう」

発案したのは丸田だったが、実行するのはもちろん賢人だった。

パイは丸田がわざわざ買ってきた。「はいチーズ！」の瞬間、隠れていた賢人と延末がパイを持って乱入した。賢人は父に、延末は世話になった学生コーチの顔面に、パイを浴びせた。悲鳴と歓声が交錯した。スマホのシャッター音が途切れず、誰もが笑顔になった。

丸田は〝成果〟に胸を張った。

「あれは大きかったと思います。チームが一つになりましたから」

〝森林いじり〟は加速した。応援コール「森林が足りない」だ。２０２３年、最も流行した応援「盛り上がりが足りない」を慶應高校流にアレンジしたものだった。

コロナ禍では「声出し応援」がやむなく制限された。４年ぶりに解禁となった２０２３年夏、溜まったマグマが噴火するかのように、全国津々浦々の球場では高校生たちが「盛り上がりが足りない」と叫んだ。対戦する両校から交互に繰り広げられる例も多々あった。ルーツは10年以上前、六本木や歌舞伎町などの「夜の街」でホストクラブを沸かせたコール「盛り上がりが足りないよ」とされる。吹奏楽の演奏を必要とせず、声だけで披露できるのがポイントだ。

「森林が足りない」が初めて応援席に響いたのは7月20日、横浜スタジアムで行われた神奈川大会準々決勝・横浜創学館戦だった。この日、慶應高校は期末テストが返却される日で、吹奏楽部や応援団が現場に来られなかった。ベンチ外の選手のみで応援を構成しなくてはならない。

慶應高校にとって熱烈な応援は〝戦力〟だ。特効薬が必要だった。

賢人は明かす。

「元々は（延末）藍太が考えたらしくて、丸田と福井から『応援でやってくれないか』と言われて。まあ、やるなら僕しかいないか、と」

「もっ！　もりっ！　もりばっ！　森林が足りない！」

スタンドの唱和はハマスタを越え、甲子園でも爆発した。NHKの電波に乗るとSNSで拡散され、ネットニュースになった。

ある部員は報道陣の取材に「慶應幼稚舎の教諭に慶應高校野球部の監督と、一人では足りないほど何かと忙しい森林さんへの、リスペクトを込めた応援なんです」と答えた。もちろん後付けの理由だった。

森林はうれしそうに苦笑した。

「事前に全然、聞いていません。無許可です（笑）。選手が勝手に考えてやるのがウチらしい。たいしたもんです」

賢人は全国制覇の瞬間を、三塁側のスタンドで体感した。

「はしゃぎすぎて、まさか優勝するなんて思っていなかったから、ビックリしていて。

夢のような感じというか、もうよくわからない」

慶大では準硬式野球部で現役を続けることにした。

「ちょっと恥ずかしいんですけど、決勝を見ていて、丸田をかっこいいなと思っちゃって。もう一度、日本一になりたい。今度は選手として、なってみたいなと思っています」

投手コーチは甲子園監督

「まかせる」森林と「まかされた」学生コーチによる指導が結実した107年ぶりの全国制覇——とすればわかりやすい物語になるのだが、実はそれだけではない。

2023年の慶應高校の強さは、充実したチームスタッフにもあった。

「私も含めて、スタッフには5人の高校野球監督経験者がいたんです」

そう語るのは2023年センバツまでコーチとして、それ以降は野球部OB会「日吉倶楽部」の技術委員として投手陣の構築に尽力した小泉泰典だ。山形県の私立校・羽黒《はぐろ》高校の監督として2018年夏の甲子園に導いた。部長の赤松と副部長の星野友則は慶應湘南藤沢で、副部長の馬場祐一は神奈川県立多摩高校で監督経験がある。森林も含め

5人。高校野球の現場では、かなり珍しいケースだ。前に記した通り、5人全員が上田誠前監督の教え子でもある。上田が監督に就任した約30年前、慶應出身の高校野球指導者がほとんどいなかったことを考えれば、後進の育成という面でも上田の功績は大きい。

小泉が慶應高校の指導をすることになったきっかけを聞くと、こう言って笑った。

「日比谷線事件というのがあったんですよ」

小泉は1984年10月3日、川崎市の生まれだ。父は慶大OBではなかったが、慶大野球部のファンだった。自宅から日吉までクルマで15分。幼い頃からよくグラウンドに連れて行かれた。

「慶應で野球やれと、親父から洗脳されていまして（笑）。しょっちゅう普通部のグラウンドや大学の野球場へ試合を観に行っていました」

小学受験で洗足学園大学附属小に入学。小3から軟式野球を始めた。同校は中学から女子校になる。小5で一旦野球を辞め、受験勉強に没頭。慶應普通部に合格した。野球部に入り、軟式でプレーした。

2000年4月、慶應高校野球部へ入部。投手だった。推薦入試導入前。思い出すのは監督・上田誠による厳しい指導である。

「上田さんは本当におっかなかった。すごく勝ちたかったんだと思います。当時はまだ昭和の感じが残っていましたから、厳しくプレッシャーをかけて練習することが、勝つためには必要なんだという時代でした」

高3の夏前だった。招待試合で熊本城公園内にある藤崎台《ふじさきだい》球場へと赴き、地元の名門・済々黌《せいせいこう》と対戦した。創立120周年記念ということで同校の一般生徒も客席に詰めかけ、試合に注目していた。

小泉は制球難に陥ってしまった。ストライクが入らない。

「お前、なにやっとんじゃ〜！」

上田がブチ切れた。小泉を叱責する上田に観衆の視線は注がれた。

「大学に入ったら、スタンドで試合を観ていた済々黌出身のクラスメートがいて。『あの時、めちゃくちゃ怒られているピッチャーがいたよなあ』という話になって、『それ、俺だよ』と（笑）」

慶應高校では2年春からベンチ入りしたが、3年次には腰痛にも苦しみ、最後の夏は登板なく高校野球を終えた。慶大野球部でもケガに苦しんだ小泉は、4年次に慶大の学生コーチに転身する。当時の監督・相場《あいば》勤《つとむ》は投手について多くをまかせてくれた。小泉は指導にのめり込んだ。投球動作を研究するため、慶大の大学院に進学。ドッジボールを用いての投球動作改善について研究した。また、人間の身体特性を４つのタイプに分類した「４スタンス理論」についても考察を深めた。その間、投手コーチを務め、神宮で後輩たちと一緒に戦った。やりがいがあった。

大学院卒業後、高校野球の指導ができる働き口はないか。上田へ相談に行くと、数日後に電話がかかってきた。

「ピッチャーを教えられる人を探している高校がある。東北地方だけど、どうだ？」

行きます。二つ返事だった。２０１０年春、大型自動車の免許を取って、山形県鶴岡市へと向かった。寮に寝泊まりし、朝5時にはグラウンドで朝練を指導した。やんちゃな生徒にも向き合った。練習試合の遠征では自らバスのハンドルを握った。２０１２年夏の新チームからは監督を託された。２０１８年夏、山形の頂点をつかみ、甲子園に乗り込んだ。第１００回の記念大会。北神奈川代表は慶應高校だった。33歳の若き指揮官は組み合わせ抽選で、主将にこう伝えた。

「初戦は慶應を引いてこい」

奈良大付に１－４。初戦敗退だったが、ベンチから指揮した2時間1分は今も鮮明に残る。

「ベンチに立った時の風景が、テレビで観た景色なんです。そこで初めて、自校の応援が耳に飛び込んできました。山形大会だとダッグアウトの中なので直接は聞こえないんですが、甲子園のベンチはせり出しているから、ウチの生徒の応援がものすごく聞こえてきて。学校が一つになっていた。それがすごくうれしかったんです。あの時、上田さんから連絡もらって、本当にやってよかったなって」

2019年3月で羽黒高校を退職。4月から東京・港区の芝中学校・芝高校の学校職員になった。野球と離れ、穏やかな生活が続いていた。

タイプに合わせた投手育成

2021年1月のことだった。午後4時頃、学校のある神谷町駅から帰宅途中、地下鉄日比谷線に揺られていると、広尾駅から森林が乗ってきた。慶應幼稚舎での勤務を終え、日吉に向かうところだった。「奇遇ですね」と挨拶した。それが週に2度あった。

森林から誘われた。

「ウチに手伝いに来ないか」

野球部ＯＢ会「日吉倶楽部」の技術委員に就き、週に１、２度、日吉台野球場に向かう日々が始まった。山形の地で試行錯誤を繰り返し、学んだ投手育成法を母校に還元した。ＬＩＮＥやＺｏｏｍで動画を送ってもらい、アドバイスを送ることもあった。

２０２３年夏の甲子園ではともに２年生の右腕・小宅雅己、左腕・鈴木佳門《かもん》と、３年生右腕の松井喜一《きいち》が奮闘し、頂点に駆け上がった。小泉はどのような指導を行ったのか。

「野手の練習にどんどんピッチャーを入れていくことをまずはやりました。ベースランニングや打撃、野手と一緒にノックも受ける。投手は別メニューになりがちですが、僕は野手のスローイングの延長線上にピッチングがあると思っています。野球勘も鍛えられる。バッティングもピッチングも、基本的に体の使い方は一緒です。あとはボールを投げる数を増やす。ブルペンで球数を投げ込むというのではなく、ブルペン以外で投げる回数を増やすということです。投げる感覚を磨く練習が、それまでは絶対的に足りなかった。だから故障者も多かった。投げすぎはダメですが、ちゃんとボールを投げられないから故障すると僕は思っています」

初戦の北陸戦で１イニング４失点の松井に「もっとインコース攻めろよ！」と助言すると、３回戦の広陵戦では延長10回タイブレークで３三振を奪う熱投を見せてくれた。

小宅には「一生懸命投げ過ぎるな。8割ぐらいでいい」と伝えたところ、見事な快投を見せてくれた。

夏の神奈川大会決勝・横浜戦での劇的な勝利を体感し、小泉は「塾高は甲子園でも勝ち上がる。鈴木がどこかで先発する必要がある」と考えた。鈴木本人と森林と相談の上、それまでリリーフで強いボールを求めていた鈴木に、先発仕様としてカーブを習得させた。鈴木は前向きにカーブでの遠投を繰り返し、マスターした。仙台育英との決勝では先発すると、緩急を駆使し、4回3安打2失点にまとめた。

「僕は単純に『こうしたらいいのでは』と言っただけです。それを認めてくれた森林さんと、『やる』と言った鈴木がすごいです。甲子園期間中、学生コーチから鈴木の動画が送られてきて、ものすごく良くなっていた。『これはいけるわ』と思いましたね」

栄養指導でパワー強化とケガ防止

投手陣の整備に加えて、小泉が慶應高校野球部に提案し、導入されたものがある。さいたま市の企業「コーケン　メディケアセンター」による栄養指導、食トレ指導だ。

「僕が羽黒の頃にずっとお付き合いしてきた業者さんです。塾高で指導するようになって、ケガ人が多いことと、下宿生が多いのでなかなか体ができてこないことが気になっていました。高校生の独り暮らしで栄養バランス良くしっかり食べるって、難しい。特に下宿生は、主力が多いわけですから」

森林に相談すると「やってみよう」となった。2022年12月に栄養指導のセミナーを開催。インボディ測定、体成分分析をもとに管理栄養士から選手に食生活への提案がなされた。ビタミンやカルシウムが不足している選手も目立った。希望者を対象に効果的なサプリメントを摂って、体を大きく、強くしていくという試みが始まった。

「指導を受けてガラッと意識が変わった選手はいました。鈴木（佳門）とか（渡邉）千之亮とか。千之亮はひと冬で8キロぐらい増えたと思います。鈴木もそうです。下宿生はみんな採り入れてくれたので、見違えるようになりましたね」

猛暑の2023年夏。フィジカル面でも慶應高校ナインが見劣りすることなく、「一番長い夏」を過ごせた要因になった。

小泉は「監督経験者5人」が集う価値について、こう言った。

「監督の大変さはやってみないとわからないです。その経験をした人たちが一歩引いて、森林さんの下でサポートに回っている組織だから、すごいと思うんです。監督の手が届かないところを事前に察知して、手を煩わせないように動く。中でも赤松さんは、純粋にそこに徹していて、ものすごいですよ。こんな組織は全国的にないいんじゃないかな」

森林の「まかせる力」について、監督経験者の立場から語ってくれた。

「僕にはできないなと思います。自分みたいな外部のコーチがいたら、選手に何を教えたのか、僕は全部を知りたくなる。でも、森林さんはまかせてくれました。選手に対してもその都度、意見を聞く。あそこまでできるのはすごいですよ。でも選手はまかされる分、責任も持たなくちゃいけない。自分の力が未発達であっても、そのレベルに行かなきゃいけないというのは、苦しい部分もある。そういう意味では森林さんは、すごく厳しいんだと思いますね」

慶大日本一をきっかけにSBT導入

スポーツ記者は現場に早く行くと、三文の徳がある。

この日がそうだった。2023年8月20日、夏の甲子園準決勝を前にした休養日。慶應高校ナインは西宮市内の鳴尾浜臨海野球場で調整することになった。私は開始時間よりも大幅に早く着いた。

選手たちを乗せたバスが到着した。降りると、彼らはグラウンド外で円陣を組んだ。黒いアイマスクをつける者もいれば、帽子を目深にかぶる者もいた。視界を遮っている。中央に置かれたスピーカーからは勇猛な旋律と男性の力強いナレーションが流れてきた。

「あなたは誰にも負けない強さを持っています。絶対に誰にも負けません」

「体中からパワーが湧き出してきます。爆発寸前の火山のようです。マグマがどんどんたまっていきます」

「爆発が楽しみです。自分のパワーに驚く人の顔がイメージできます」

3分のイメージトレーニングの結びは、内野手・庭田芽青《めいせい》の「シャウト！」という掛け声に呼応したナインの「KEIO日本一！」という大声での唱和。そこからグラウンドに飛び出し、炎天下の中で2時間、直前練習に励んだ。

私は驚いた。「爆発寸前の火山」とは……。メンタルトレーニングやイメージトレーニングを導入している強豪チームは多々あるが、ここまでやるのか。

甲子園期間中は慶大野球部で人財育成メンタルコーチを務め、2021年の大学日本一に貢献した吉岡眞司《しんじ》がチームに帯同し、選手たちの精神面をサポートしていた。

結論から書くと、吉岡が指導した「スーパーブレイントレーニング」（SBT）への取り組みは奏功した。慶應高校は3回戦の広陵戦で、7回に3点差を追いつかれた。準々決勝の沖縄尚学戦では2点を先取された。だが、彼らは笑顔で劣勢を楽しみ、そして勝った。緊張とは無縁、いや重圧を歓迎し、最後までいい表情で戦い抜いたのは、心の鍛錬の成果であった。

吉岡はSBTを「大脳生理学と心理学に裏付けされた『脳からアプローチして心をコントロールするメソッド』」と語る。常にポジティブな言葉、動作、表情をしていくことで、チーム全体を積極的でチャレンジングな雰囲気に変えていき、選手の能力を発揮しやすい環境にする。日頃から、最悪の事態を「想定内」と捉える準備をし、ピンチにもうろたえないマインドを整える。逆境になればなるほど、「ここを乗り越えたらヒーローになれる」と成功イメージを膨らませ、「勝ちグセ脳」へと意識を変えていく——。

慶應高校が導入したのは2021年夏。兄貴分の慶大がSBTの導入によって全国の頂点に立ったことがきっかけだった。慶大監督の堀井哲也がその経緯を語った。

「野球の練習はどこもやっています。じゃあ、どこで差をつけるか。その一つがメンタル面だと。学生が大人になるといいな、という考えです。社会人の選手と比べても、素質的には負けない大学生もいる。じゃあ、大人と子供の差が何かと言ったら、安定感です。大人になれば視野の広さや先読みができる。子供はピンチに弱いし、日々の積み重ねの努力もちょっと甘い。だから選手が大人になればメンタルが安定して、結果にもつながるんです」

社会人野球・JR東日本の監督としても都市対抗野球大会で優勝に導いた堀井ならではの発想である。

すでにSBTを導入していた札幌日大高の監督である森本琢朗《たくろう》が慶大グラウンドを訪れた際、札幌日大高の関係者として吉岡も同行していた。堀井は初対面となる吉岡の話に興味を抱き、2021年1月、SBTの講座を受講した。吉岡はその際、一つの提案をした。

「SBTと一緒に『致知《ちち》』という雑誌を利用した勉強会『木鶏会《もっけいかい》』も同時に入れてほしいとお願いしたんです」

『致知』は1978年に創刊された月刊誌で「人間学を学ぶ雑誌」をコンセプトにしている。経営者や学者、スポーツ界の第一人者らが成功や失敗の体験を語っており、ビジネスパーソンを中心に生き方を学ぶ雑誌として人気を集めている。この『致知』をテキストにして、社内や校内の仲間と行う勉強会が『木鶏会』だ。

堀井が「まずは幹部や主力選手10人にSBTを受講させて、反応を見たい」と話す中でのスタートだった。すると受講した大阪桐蔭出身の主将・福井章吾（現・トヨタ自動車）らのリアクションはすこぶる良かった。同年2月、導入が決まった。

慶大野球部の『木鶏会』は月に一度、行われている。学年やポジションにかかわらず4、5人が一つのグループとなり、事前に『致知』を読んで、予め用意しておいた感想を発表する。そこで行うのが「美点凝視」という取り組みだ。相手の長所を見つけて、それを指摘し合う。学生スポーツではどうしても互いに厳しくあろうとするあまり、叱咤する方向に行きがちだ。褒め合い、讃え合うことを始めた「陸の王者」はその年、30年ぶりに春秋の東京六大学野球リーグ戦を連覇。6月の全日本大学野球選手権では34年ぶりの日本一に輝いた。試合中のベンチからは攻守交代時、絶えず「ありがとう！」の掛け声が飛んだ。精神的に前向きになるためのルーティンだった。

人としての成長を促すメンタルトレーニング

森林は以前からメンタルトレーニングの重要性を痛感していた。慶應高校監督就任後、外部から講師を招いたこともあった。

「野球って一球一球に間《ま》があって、その間をどう生かすかが大きなテーマだと思っていたんです。そこを上手く使えないと、高校生のメンタルでは連鎖反応でガタガタ崩れていくことがある。これまでもそんなマイナス面をいっぱい見てきて、何とかならないかと。最初は独学で勉強して選手に話したりもしました」

森林は親交のある札幌日大高監督の森本を通じ、以前から吉岡と面識があった。「兄貴分」となる慶大の成功も大きかった。吉岡は慶應高校野球部のメンタルコーチに就任した。

導入した決め手について、森林はこう語る。

「いかにプラス思考に持っていくかという技術だったからです。プラス思考でいる時間が長い方がパフォーマンスもよくなるというのは、僕がそれまで感覚的に思っていたことでした。それが明文化されていた。共感できましたし、『これはいいと思う』と選手にお勧めできると。勝つためのテクニックとしてのメンタルトレーニングじゃなくて、人としての成長を促すものだったことも大きいです」

導入当初の２０２１年夏はコロナ禍。外部からの人の出入りも制限されていた。本格導入されたのは大村が主将に就任した２０２２年の秋だ。ＳＢＴ、月に一度の木鶏会。

効果はすぐに表れた。秋季関東大会で4強入りし、翌春のセンバツ出場が決まった。

ＳＢＴはチームスローガンにも大きな影響を与えた。マネジャーの大鳥遥貴は言う。

「ＳＢＴでは『成信力《せいしんりょく》』、『苦楽力《くらくりょく》』、『他喜力《たきりょく》』の三つが核になるんです。成功することを本気で信じて、苦しいことも成長につながるから、楽しいと思える。そしてまわりの他者を喜ばせるためにがんばろうと。チームのスローガンはそこから『他喜《たき》昇《のぼ》り』になりました。周囲に感謝して、恩返ししよう。喜んでもらえるためにも、日本一になろうと」

効果をたしかなものにするため、各学年に「メンタルチーフ」という役職を設けた。大村の代からは内野手の庭田がその任に就いた。吉岡とはＬＩＮＥなどで連絡を取り合った。練習前には円陣を組んで、目的などを唱和することで、脳にそのイメージを定着させる試みを始めた。

「目標、ＫＥＩＯ日本一！　目的、恩返しと常識を覆す！　スローガン、他喜昇り！」

毎回、目的意識を明確にすることでモチベーションを高め、練習の精度を上げる。思いを一つに、厳しい鍛錬も乗り越えることができた。

月に一度の木鶏会は慶大野球部との合同で行うこともあった。高校生と大学生が混成グループを組んだ。慶應高校ナインにとって、大学生と感想を語り合う機会は刺激的だった。自分の考えを言語化する訓練になり、思考力も鍛えられた。後の報道対応にも生かされることになった。

「美点凝視」について、正捕手の渡辺憩はこう笑った。

「先輩とか後輩から褒められると、恥ずかしいんですけど、結構うれしいんですよ。憧れていた先輩から褒められて『そんなふうに見てくれていたんだ』みたいな」

野球は失敗のスポーツ。ミスもピンチも日常茶飯事だ。吉岡は言う。

「真のプラス思考に必要なのは危機管理思考です。行動を起こしていけば、常に順風満帆なんてありえない。逆風の時も絶対ある。そんな時、最悪の事態を『想定内』の事象として捉える準備をしていれば、ピンチも平常心で『おもしろくなってきた』『ここを抑えたら楽しい』と思えるんです。『日頃の練習でもやってきた。思う存分、腕試ししようぜ』と思って、彼らは甲子園での試合に臨んでいました」

「三本指ポーズ」の秘密

快進撃を支えたのがメディアでも数多く取り上げられた「ナンバーワンポーズ」だ。

片手の親指、人さし指、中指を立てるしぐさ。ある学生コーチが数字の「3」を示す際、この指の形をすることに由来して、部内で採用された。前述の目標、目的、スローガンを唱和する時、この三本指ポーズを必ず行うことで、三本指を立てれば自動的にそれらが想起されるようになった。また、ヒットを打った時や好プレーをした時などの前向きな心境の際に、このポーズを繰り返すことによって、脳を自然といい状態に導くことができた。

その結果、ナインは逆境の中でも三本指のポーズをすれば、勝手にポジティブになれる境地へと至った。ピンチで内野手がマウンドに集まった時、「ナンバーワンポーズ」を決めると、彼らは勇猛果敢に危機へと臨み、見事に脱していった。

チーム大村は吉岡の指導を完遂した。大村は振り返る。

「やるからには、とことんやりたいというのが自分のこだわりでした。吉岡さんのSBTは、本気でやった方たちは結果を残しているので。最初は『意味あるのかな?』と半信半疑だった人もいたと思います。でも口酸っぱく言って、習慣になるまで毎日毎日続けて、最終的にやり切ったという感じです」

森林はこう結んだ。

「ＳＢＴも木鶏会も、機会を作ってあげるのが僕の仕事だと思っています。たしかに野球の面についてはまかせるけれど、人間的な成長を促すという意味では、結構介入しているかな。『これ、いいんじゃない？』というものをいっぱい提示していきたい。でも、強制はしません。最後に食いつくかどうかは、本人次第ですから。メンタルトレーニングを積み重ねて、甲子園という舞台をいい表情で楽しんだ選手たちが、やっぱりすごいと思いますよ。急に『笑え』といっても、引きつった笑いにしかならないでしょう。本当にあの場を楽しんで、感謝の思いを持ってやれたことに、価値があると思います」

全国３４８６チームの頂点に立った瞬間、ナインはマウンド付近で激しく体をぶつけ合った。大村らにとってそのシーンは過去、何度もイメージトレーニングで思い浮かべた光景、そのものだった。

「ベストを尽くした結果ですが、実力があって優勝したわけではない。いろんなことが重なって優勝したんです。運が良かったんです」

１０７年ぶりの全国制覇を振り返る時、森林はそう繰り返した。

最初は謙虚に話しているのかと思っていたが、取材を重ねていくと、それが紛れもない本音であると確信した。

「どうやって点を取るんだ」という代の主将に、たまたま森林を慕う大村が就いた。長男の賢人がいたことも、ナインと指揮官を近づける要因になった。清原の存在でメディアから注目されたことを、プラスに変換するしたたかさをチームは備えていた。もし日比谷線の車中で森林と小泉が週に2度、会わなかったら……ここまで投手陣が整備されていたかは分からない。コロナ禍がさらに続いていたら、声出しは禁じられ、大応援団による後押しもなかったはずだ。

いくつもの偶然と幸運が重なり、チーム大村が起こした「化学反応」。それは決して彼らの代のみの功績ではない。長い歴史の中、日吉台野球場で悪戦苦闘し、情熱を燃やした先人たちの汗と涙が結実した成果のように思えた。

第9章　仙台育英・須江監督の目

センバツ以来の再戦

本書を記すにあたって、必ず話を聞きたい人がいた。

２０２２年夏の甲子園。東北地方に初の大旗をもたらした仙台育英の監督・須江《すえ》航《わたる》だ。年齢は森林よりちょうど10歳下になる。

全国制覇を成し遂げた際のインタビューで発せられた言葉「青春って、すごく密なので」はコロナ禍で思い通りに日々を過ごせなかった若者たちへのエールとして、多くの人々の心を揺さぶり、「２０２２ユーキャン新語・流行語大賞」の選考委員特別賞にも選ばれた。

慶應高校にとって仙台育英は特別な相手だった。

前述した通り、２０２３年のセンバツ大会の初戦で対戦すると、延長10回タイブレークの末、慶應高校は1－2で敗れた。僅差だったが、ナインは「完敗でした」「惨敗です」と口をそろえた。仙台育英の投手力を目の当たりにして、「あのレベルを打てないと甲子園では勝てない」と春から夏、成長する上での基準にした。

再戦の舞台は夏の甲子園決勝。8－2で慶應高校が勝った。試合後、須江や仙台育英の選手たちは森林や大村らのヒーローインタビューに、拍手を送りながら聞き入った。夏連覇こそならなかったが、グッドルーザーとしてスポーツマンシップにあふれたその姿に、人々は胸を熱くした。

1学年25人前後。野球で未来を切り拓こうとする有望な選手たちが全国から集い、須江が「日本一激しい」と語るチーム内競争を経て、成長を重ねていく。同時に「幸福度の高いチームづくり」を掲げ、選手のモチベーションを高めるための組織作りに心血を注いでいる。卒業生の中には即プロや名門大学に進み、中心選手として活躍する者も多い。

気鋭の指揮官は好敵手をどのように見ているのか。

同校の多賀城《たがじょう》校舎にある野球部のグラウンド。隣接する監督室でインタビューを行った。

「そもそもの話からしていきますか」

須江が語り出した。

「唯一無二」の好敵手

仙台育英のグレーのユニホームは慶應を参考にしたものだ。ともに淡いグレーを基調とし、胸にローマ字表記の校名。ストッキングの配色も紺、赤、白と同じである。現在、國學院大学野球部の総監督を務める竹田利秋が1985年秋に監督へと就任した際、このデザインに変わった。

仙台育英学園理事長で高校の校長でもある加藤雄彦《たけひこ》が慶應中等部、慶應高校、慶大出身だったことから、ユニホームを作る時に参考にした。慶大の体育会に連絡をした上で、許可を取った。

「そういうご縁があって、理事長は慶應への愛がすごいんです。ここの多賀城校舎のグラウンド開きをしたのは、私が高校1年の春。招待したのが慶應高校と上田監督でした。毎年、行ったり来たりして練習試合をさせていただいています。学園としても硬式野球部としても、縁深いチームです」

須江は2018年1月から指揮を執る。その年、森林率いる慶應高校が仙台へ練習試合にやってきた。同年、春夏の甲子園に出場しているメンバーだ。

「慶應義塾って学力とかいろいろなものを備えながら、こんなにポテンシャルが高いんだと。驚愕したのが最初ですね。すごいホームランも打たれて」

交流は続いた。2023年夏の宮城大会前、最後の練習試合の相手も慶應高校だった。わざわざ慶大グラウンドまで足を運び、4－2で勝った。

「慶應さんとやると、必ず学びがある。仙台育英とは学力や思考力は違いますが、僕らが目指している一つのモデルケースなんです。だから、必ず毎年やりたい。そして、学びを得たいんです。慶應の選手は、思考力が高い。そして言語化能力も高い。この二つが最大の特徴じゃないですか。それは唯一無二です」

対戦していて、思考力の高さを感じるというのはどういうことか。

「個人差はあるにしても、野球の中の瞬間瞬間で、プレーが行われる直前に何をすべきか、彼らの中にはいくつかちゃんと選択肢があると感じます。例えばランナー一塁で打席に立った。あるいは、ランナー二塁で自分がランナーです――というその場面ごとに、次にどんなプレーをすればいいのか、一つではなくて複数のイメージが湧いている。その中でも秀逸な選手は、最適解に近いものを必ず選択する。でも思考力のない人間は、選択肢を一つしか持っていない。逆に言えば、だからこそシンプルに突き進める強さもありますが……対応力が薄くなる。その点、彼らは野球の中の目の付け所が、すごくいい。それが強さの本質だと思います。『慶應義塾高校の何が強いんですか』と聞かれたら、『常に選択肢が複数ある』ということです」

須江は慶應高校との練習試合で、ダブルヘッダーの間の昼休みや2試合目を終えた後、選手に話しかけることを楽しみにしている。

「『あの場面、何を考えてプレーしていたの？』『これから始まる夏の大会で何が課題だと思う？』『センバツの時、何を感じた？』とか、いろいろ会話するんです。基礎学力と語彙力があるからでしょうけど、そこで彼らから出てくる言葉がおもしろいなと思いますね」

2023年のセンバツと夏の甲子園。須江は慶應高校との試合が決まると、ミーティングでナインに「慶應とは何か？」という話をした。

「『著名な卒業生って誰だと思う？』とか『福澤諭吉先生の理念とかわかる？』とか。『お客さんがたくさん入る理由はわかる？　卒業生に経済力と時間があるんだよ。雇われる側じゃなくて、雇う側だから自由がある。だから、あれだけアルプス席が埋まるんだよ』といった話ですよね」

目指すのは「大阪桐蔭と慶應義塾のハイブリッド」

須江が「勝敗」という点において目指しているチームは大阪桐蔭だ。言わずと知れた現在の高校野球界におけるトップ校である。

「これだけ長い間、高校野球の世界において頂点に君臨できる学校はないわけです。どの学校も黄金期は10年続かない。でも大阪桐蔭だけはずっと頂点にいます。年によって下がるときがあっても、すぐに挽回して優勝する。勝敗に対する飽くなき追求という点では、大阪桐蔭が僕らのモデルです。勝つということに対する徹底力が本当にすごい」

そして、こう続けた。

「運営とか生徒の思考力における目標としては慶應義塾です。だから、その2校の間を模索している感じです。大阪桐蔭と慶應義塾のハイブリッドを目指したい。両校とも唯一無二だと思っているので、必ず練習試合をやりたいんです。両校のいいとこ取りをしつつ、取捨選択して、自分たちのオリジナルに変えていきたいと思っています」

仙台育英で3年間、鍛錬を積んだ若者たちは東京六大学リーグや東都大学リーグの加盟校を始めとする名門大学へと進んでいく。高校野球における強豪私立の監督にとって、入口（スカウティング）と出口（進路）は心血を注ぐ仕事である。当然だが、公式戦での上位進出は大学の推薦入試やＡＯ入試において有利な要素となる。選手たちが死に物狂いで一球に食らいつく、もう一つの理由がそこにはある。ほぼ１００％慶大に進学できる慶應高校の特殊性を、須江はどう見ているのだろうか。

「僕は選手をいい大学に行かせることに、プレッシャーもストレスも全く感じていません。楽しくやっていますよ。『この選手が早稲田に行って、慶應と対戦したら熱いよな』とか思いながら。むしろ、高校野球という意味では、（慶大へ）１００％行けることのデメリットの方が多いんじゃないかなって、外部の人間としては思いますね」

意外な答えだった。その理由をこう説明した。

「『欲』みたいなところです。『別に高校でダメでも大学がある』と考える選手が出てきてしまう可能性がある。大学が決まっているから落ち着いて野球ができる反面、必ずしもプラスだけじゃないかなというのが実感ですね」

激戦区・神奈川の強豪校に在籍する選手たちはその点、自らの人生を懸けて慶應高校ナインに立ち向かってくる。勝負という一点にフォーカスすれば、最大の利点は弱点と表裏一体でもある。

共通点は下の年代の指導経験

先述したように須江と森林には10歳の年齢差があるが、それを感じさせないほど、共鳴する間柄だ。二人には共通項がある。須江は中学の軟式野球から指導者としてのキャリアをスタートさせた。森林は慶應幼稚舎の教諭として、日中は小学生と関わる。つまり高校野球以外での指導経験があり、それが土台になっている。

「いきなり高校生とやるより、下のカテゴリーでやった方が指導者として、絶対に学びが多いと思います。人間の成長過程に触れられますから。高校生に比べると、中学生は子供です。当然ですけど、小学生は子供の子供です。その中で一つの物事を達成していくためには、とても丁寧に接しなければいけない。『言ったらやれる』とかそういう世界じゃないですから。『何でさっきした話の、そこを切り取って受け取るの？』みたいなことがよく起こる。だから、とても難しい。でも僕の場合、そこが基準になっていきます。中学生を経験しておいて、本当によかった。森林さんも同じようなことをおっしゃっていますよね」

森林と近い点がもう一つあった。リーダーとしてのしたたかさだけでなく、しなやかさを併せ持つ点だ。

「僕も仙台育英にいるから今のような指導方法でやっていますけど、別の高校だったらまったく違うやり方をしているはずです。学校や生徒の求めることを提供するのが教員の役割でもあるので」

森林は常々、「自分のやり方、指導方法が正しいとはまったく思っていない。旧来通りのやり方とか、思考停止するのが良くないだけで、それぞれの学校や指導者や生徒や立場ごとに、自分たちに合ったやり方を、ちゃんと考えてやることが大事なんです」と話していた。

強豪チームを率いながらも、凝り固まることなく柔軟な姿勢で選手と接していく。そんな姿が重なって見えた。

甲子園を味方につける

夏のファイナルマッチ。グラウンドを挟みベンチで対峙した「監督・森林貴彦」は、その眼にどう映ったのだろうか。

「意外にゴリゴリしているなと。『勝つ』ということに対して、そこまでこだわりがないのかなって、勝手に想像していました。でもやっぱり、横浜さんとか東海大相模さんに『負けてたまるか』と思って、チームを率いていらっしゃるんだと思います。すごく生意気な言い方ですけど、夏の甲子園では、森林さんの采配が春に比べて劇的に良くなった。決勝戦で驚いたのは、まず打順。僕らが組まれたら一番嫌だなと思うオーダーにしてきましたね」

決勝で慶應高校は打順を組み替えた。3回戦から準決勝は「3番・渡邉千之亮、4番・加藤右悟《ゆうご》、5番・延末藍太、6番・渡辺憩」だったが、決勝では「3番・渡辺憩、4番・延末藍太、5番・加藤右悟、6番・渡邉千之亮」に変えた。

「状態のいい人間の打順を上げてきた。その思い切りはすごいです。勝ち上がっていく中で、選手との信頼関係も深まって、緻密な意思疎通がなされていった。あとは、意図的に甲子園を味方につけていましたよね。絶対流れを相手にやりたくないところで、代打に清原君を出す。大会を通じて、森林さんがどんどん高みに登っている印象を、僕は受けました」

「周囲を味方につける」という部分では、須江も負けてはいなかった。準決勝の第1試合、神村学園に6－2で勝利すると、試合後の囲み取材では決勝に向けて、こう語った。

「初戦から超強豪校と試合させていただいて、そろそろエネルギーが尽きそうなので。あと1試合、東北6県の皆さん、宮城の皆さん、東北に縁やゆかりがある皆さん、明後日の2時に西の甲子園の方向にパワーを送ってもらえたら。そんな、みんなの気持ちを持って戦っていきたい」

この時点で慶應高校の決勝進出は決まっていなかったが、須江が慶應の卒業生たちも含めた大応援団を意識していたことは明白だ。

須江は本意を明かした。

「あれは慶應さんに対抗するためです。対立構造を作りたかった。慶應というエリートと、2年連続甲子園優勝を懸けた東北のチーム。僕らにも風を吹かせたかった。準決勝に勝った後の5分間ぐらいで、どう話したらメッセージ性があるかなって考えて。というのは、2022年の夏に優勝した後、東北6県のどこに行っても『おめでとう』じゃなくて『ありがとう』と言われたんです。これは東北特有の文化だなと思って。そこに訴えかけるしかないと思ったんです」

互いに死力を振り絞った。勝ったのは慶應高校だった。

「負けたのが慶應で良かった」

その日の夜、ＳＮＳ上では敗れた仙台育英への称賛を綴る投稿が多く見られた。試合後、ナインは勝者のヒーローインタビューへと耳を傾け、拍手を送った。須江は丸田や大村へと気さくに話しかけ、笑顔で会話した。夏の終わり、爽やかな光景だった。

「負けたのが慶應さんで良かったと思いました。悔しいですけど、勝者に相応しいチームですよ。慶應さんとは１００％フェアな戦いができる。いろんな意味でお互いにリスペクトし合いながら戦えるわけじゃないですか。春からの成長度合いで、ウチは負けました。センバツからの伸び率を比較したとき、どの分野を取っても慶應さんの方が完全に上を行っていた。僕らの取り組みは一つ、甘かったと思います。単純な力強さという観点でも慶應さんの方が上でしたから」

「慶應だからできる」では学べない

インタビューの最後をこう結んだ。

「繰り返しになりますが、慶應さんはやっぱり唯一無二。真似できない。でも『慶應だからできるんだ』『ウチにはできない』と言ってしまうのは、もったいないと思うんです。たしかに、できないです。ウチも真似できない。でも慶應さんの良さからエッセンスをいただいて、自分のチームに必要なものを落とし込んでいけばいい。はなから『慶應さんにしかできない』というのは、思考停止じゃないですか」

慶應高校に敗れたあの決勝後、須江は言った。

「人生は敗者復活戦。人生は勝てることなんてほとんどなくて、だいたい負けです。この負けを敗者復活戦のエネルギーにして、人生に臨んでほしい」

成功も失敗も全てを貪欲に学びの機会へと変え、成長を目指す。チームのスタイルは異なるが、常に前へ進もうとするアグレッシブな姿勢は共通項と言えるだろう。

両校の名勝負数え唄は今後、どのような興奮をファンにもたらしてくれるのだろうか。

おわりに

2023年は野球界が沸きに沸いた年だった。3月のWBCでは監督の栗山英樹率いる侍ジャパンが世界一を達成。決勝の米国戦、9回2死のラストシーンは当時エンゼルスに在籍した大谷翔平とチームメート、マイク・トラウトとの勝負になった。大谷が空振り三振に仕留めた場面では、瞬間最高視聴率46・0%(世帯)を記録した。

これに続き、野球界の枠を超えて社会現象となったのが夏の甲子園における慶應高校の107年ぶり日本一だった。各局はワイドショーでも偉業を報じ、サラサラヘアに熱狂的な応援、選手のやる気を引き出す森林貴彦の指導法にも注目が集まった。

栗山と森林。過去、二人の指揮官と一緒にチーム運営を行った男が一人いる。ヤクルト、ロッテの投手としてプロ通算17勝を挙げ、つくば秀英高校、川越東高校で監督を務めた後、日本ハムのヘッドコーチを担った阿井英二郎だ。現在は札幌国際大学スポーツ人間学部スポーツ指導学科の教授として教鞭を執る。

ヤクルト時代の同僚だった縁で、栗山が日本ハムの監督だった2013年から3年間、ヘッドコーチを務めた。大谷や近藤健介、中田翔《しょう》らの成長を促し、2014、2015年はチームを2年連続でクライマックスシリーズ出場へと導いた。

今では元プロの高校野球監督は珍しくないが、阿井はそのパイオニアの一人だ。引退後、4年間の大学生活と2年間の教師生活を経験し、1999年4月につくば秀英の監督になった。翌年、コーチとして加わったのが筑波大大学院の1年生だった森林である。

阿井が二人を評して言った。

「栗山さんと森林さんはタイプが似ていますよね。気は強いんですよ。芯がしっかりしていて、頑固なところもある。でも、二人ともソフトじゃないですか。今の時代は『俺について来い』というスーパーリーダーよりも、ボトムアップ型が求められている。だから、時代に選ばれたんじゃないかな。二人が優勝監督になったのは必然だと僕は思います。野球界はこれまでのままでは、終わるかもしれない。でも終わらせないように、野球の神様が選んで優勝させたんじゃないかって」

そして、こう続けた。

「侍ジャパンはやるかなと思っていたけど、慶應高校が優勝したのは驚きでした。いい選手が集まってはいても、層の厚さでは仙台育英に及ばない。でも、化学反応を起こしたから勝ったんです。1＋1＋1＋1が4じゃなくて、12ぐらいになっていた」

現在、つくば秀英は阪神の主砲・大山悠輔ら多くのプロ野球選手を輩出する強豪校だ。だが森林が加わった当時は創立6年目の新興校。野球部も地に足が着かず、手探りの日々だったという。

「森林さんはそれまで慶應一筋だったから、カルチャーショックは大きかったんじゃないですか。負ければいろんな人がいろんなことを言うし、勝ったら勝ったでいろいろ言われる（笑）。森林さんはきっとそこで、一番大事なのは『人』だと感じたはずです。『人』をどう配置して、チームを組み立てていくか。あの頃の経験はおそらく、今のエネルギーになっている。だから人生に無駄なことなんて、何一つない。僕はよく『停滞の成長』という言い方をしています。数字や結果に表れなくても、人は確実に成長している時がある。森林さんにとってあの頃は、そんな日々だったと思います」

当時の阿井が森林にたびたび、伝えていたことがある。

「野球の練習ばかりやっても、野球は上手くならないよ」

その真意はどういうものだったのか。

「視野の広さや遊び心がないと、人を育てることはできません。森林さんは小学校の先生になったことで、磨かれたんだと思います。子供たちと接していると、将来の予測をする習慣がつく。『この子は将来、こんな活躍をするんじゃないか』と常に考えるようになる。それが100人を超える部員を適材適所に置いて、化学反応を起こせる要因じゃないかな。野球一筋の人には、なかなかそういうことはできないでしょう」

前述した通り、森林はグラウンド外でも選手に様々な学びの機会を与え、成長を促すことに力を注いでいる。

阿井はこう結んだ。

「栗山さんもプロ野球を引退した後、スポーツキャスターをやったり、大学の教授をしたりしていましたよね。あれだけ野球が大好きな人が、野球から離れたところでいろいろな経験を積んだ。それが野球にすごく生きている。森林さんも一緒だと思うんです」

慶應高校野球部の取材を続ける中で、「まかせる」姿勢というものが、組織全体に浸透していることを痛感した。クールな森林とは対照的な熱血漢、部長の赤松衡樹もまた、

「まかせる」ことについてこう語った。

「まかせられる範囲は、年齢や一人ひとりによっても違います。でも、どの学校でも、相手が小学生であっても、まかせなきゃいけない部分がある。重要なのは『どこまでまかせるか』ではなくて、『まかせることを大切にする』という姿勢です。『お前には何も主導権を与えない』というやり方はダメで、どんな子に対しても『この部分はまかせるから自分で決めてみな』と伝えることが、成長につながる」

語気を強め、続けた。

「その伝え方が大事だと思うんです。『自分は信頼されている』『自分の意見が重きを置かれている』と感じるのと、『自分なんか全く信用されていない』『自分の意見は聞いてもらえない』と感じるのでは全然違います。『成功と失敗を経験して人は成長する』とよく言われますけど、自分で決めたことで成功するから自信がつくし、自分が決めたことで失敗するから反省する。誰かに無理やりやらされて失敗したって、反省も成長もしません。ただ、『どうしても勝ちたい』と思うと、まかせる範囲が小さくなる。その気持ちはよくわかります。でも、だからといってゼロにしていいわけではないんです」

赤松の言葉を聞きながら、これは高校の部活動に限らない、日本社会全体に言える話なのではないかと考えた。

私自身の社会人生活を振り返ってみても、恥ずかしいほど失敗の連続である。致命的なものでない限り、それらは自らを成長させ、タフにしてくれた。

人を育てるにあたって必要なのは「ちゃんと失敗させるシステム」ではないだろうか。まかせて、思考させる。苦悩の中で出した結論はそれが成功でも失敗でも、自らの学びになる。令和の世の中では、社会全体に失敗させる余裕や体力が失われつつあるのが気がかりだ。せめて感受性の強い、失敗が許される高校3年間において、貴重な経験を積ませることの意義に思いを致したい。

真の失敗は、若き日に失敗の機会を経ることなく、傷つくことなく大人になってしまうことであるから。

長時間にわたる取材中、森林は「自分一人では何もできない」と繰り返し、「慶應」という組織に脈々と流れる文化の恩恵を口にした。

「僕一人でやれることなんて、全くないんです。赤松をはじめとしたスタッフの尽力が大きいのはもちろんのこと、日々の練習も学生コーチがいないと回らない。OB会の支援や大学野球部の堀井さんとの連携、外部の方々の力にも頼っています。そもそも僕自身、上田さんの下で野球をして考えが固まった。今の野球部の仕組み自体、上田さんが作ったものだし、推薦入試の制度も上田さんの尽力でできました。もっと言えば、その上田さんにも前田さんからの教えがあり、前田さんは腰本さんから学んでいた。そういった慶應の野球にずっと流れているものの中で自分自身が育ってきたから、今のように考えられる部分が大きい。だから、それを引き継いで、もっと進化させたいんです」

そしてメディアに対して、こんな要望をした。

「『高校球児』という言葉を使うのは、もうやめませんか。サッカーやラグビーなどの球技をする選手も『球児』と呼ぶならまだいいですけど、高校野球だけなぜか『球児』という扱いですよね。球児の『児』は児童の『児』ですけど、高校生はそんなに子供じゃない。『球児』って、丸刈りの強制とか、監督への絶対的な服従とか、選手を子供扱いすることが凝縮された言葉のように思えてしまうんです。僕の考えが全て正しいとは言いません。いろんな高校野球があっていい。ただ、メディアの方々には無自覚に思考停止したまま、『球児』と使ってほしくない。高校野球がより良い方向に進むよう、お願いしたいです」

人と人。指導者と選手がお互いリスペクトを抱いた中で、一つの目標に向かって試行錯誤を繰り返す。勝つ喜びと負けた悔しさを胸に、「価値」と「勝ち」の両立を目指していく。

森林はインタビューの最後に、言った。

「選手は本当に成長していきます。最後の最後まで、成長できる環境作りをしていきたい。それぞれの選手が成長できれば、チームは自然と強くなり、勝つことができます。そのためにも考える機会を設けていきたい。自分で考えて、壁を乗り越えることこそ『エンジョイ・ベースボール』です。その経験は必ず、今後の人生に役立つでしょうから」

サッカーやバスケットボール、卓球など選択肢は多様化し、野球の競技人口減少に歯止めがかからない状況が続く。それでも慶應高校野球部にはこの春も、多くの新入部員が集まった。

卒業した大村は瞳を輝かせ、いい顔で言った。

「『高いレベルで野球をすることが楽しい』ということに加えて、野球は元々楽しいもの……というのが自分にとっての『エンジョイ・ベースボール』の一番の真意です。子供の頃、最初は誰しもが『野球って楽しい！』『こんなに楽しいスポーツがあるんだ！』と思って始めたわけじゃないですか。その初心をいつまでも忘れずにプレーすることが『エンジョイ・ベースボール』という言葉の意味なのかなって」

時代は変わる。しかし、白球を追う十代の熱情は未来永劫、変わることがない。まかされる。考える。汗をかく。悩み、苦しみ、人が育つ。若き血をたぎらせ、慶應高校のナインはきょうも日吉台野球場へと向かう。

主要参考文献

『エンジョイ・ベースボール――慶應義塾高校野球部の挑戦』上田 誠（NHK出版）

『エンジョイベースボールの真実――球縁に導かれた波瀾万丈の野球道』堀井哲也（ベースボール・マガジン社）

『慶應メンタル――「最高の自分」が成長し続ける脳内革命』吉岡眞司・著／西田一見・監修（ワニブックス）

『Thinking Baseball――慶應義塾高校が目指す〝野球を通じて引き出す価値〟』森林貴彦（東洋館出版社）

『仙台育英 日本一からの招待――幸福度の高いチームづくり』須江 航（カンゼン）

『B.B.MOOK1631 高校野球名門校シリーズ22慶應義塾高校野球部――エンジョイ・ベースボールの真実』（ベースボール・マガジン社）

『野球と私』前田祐吉（青蛙房）

加藤弘士　1974年茨城県生まれ。スポーツ報知編集委員。水戸一高、慶應大学法学部卒業。YouTube「報知プロ野球チャンネル」のMCも務める。著書に『砂まみれの名将――野村克也の1140日』。

Ⓢ新潮新書

1049

慶應高校野球部《けいおうこうこうやきゅうぶ》
「まかせる力《ちから》」が人《ひと》を育《そだ》てる

著　者　加藤弘士《かとうひろし》

2024年7月20日　発行

発行者　佐　藤　隆　信

発行所　株式会社 新潮社

〒162-8711　東京都新宿区矢来町71番地
編集部(03)3266-5430　読者係(03)3266-5111
https://www.shinchosha.co.jp

装幀　新潮社装幀室

印刷所　株式会社光邦

製本所　加藤製本株式会社

ISBN978-4-10-611049-8 C0275